蒋筱波 · 编

中国宰相传

【卷二】

陕西新华出版 三秦出版社

武　三　思

武三思(？ — 707)，武则天时宰相。并州文水(今山西文水)人。武则天之侄。性情狡诈，祸乱朝纲，后被乱兵所杀。

功于心计　窥伺太子

武三思(？ — 707)，原籍并州文水县(今山西文水)，自祖父一代迁入关中。按辈分，武三思是武后的亲侄儿，但因武三思的父亲武元庆与武则天并非一母所生，是同父异母的兄妹，因而在亲疏关系上便隔了一层。武元庆在高宗永徽年间已官至宗正少卿，永徽六年(655)，高宗立武则天为皇后，武则天的母亲杨氏建议女儿将其兄武元庆贬职，原因是武则天的父亲死后，诸子事之"不尽礼"。这样，将元庆贬于龙州(今广西龙州)，与他同时遭贬的还有武家兄弟武元爽、武惟良等人。武元庆到了贬所龙州后，很快病死。其子武三思遭此父难，却有幸脱免。

武三思早在少年时代就因为其姑母是皇后的缘故而担任右卫将军。武则天当政后，崇周抑唐，推重外戚，对武家异母兄弟的子孙不再像当初那样排抑。旋擢为夏官尚书，后又历拜天官尚书、春官尚书，兼修国史，成为武氏政权中举足轻重的人物。

武三思凭借着武则天的地位，在宫中宫外，作威作福、仗势欺人。但是，他却并不满足于仅有的宰相之位，或者说是做皇亲国戚所有的荣耀、地位。他觊觎的是皇宫中最诱人的职位——皇太子的继承权。

他还极力讨好武则天所亲幸的嬖臣薛怀义、张易之、张昌宗等人，以获得他们的美言和支持。常常不顾身份，对武则天的男宠们极尽溜须拍马之能事。为了能为张易之牵马，他常常等候在其家门口。对二张，不呼其名，称张易之为"五郎"，张昌宗为"六郎"。因武三思略通文史，便经常以诗赠张昌宗，称昌宗才貌是王子晋后身，命朝士递相和诗以赞之。

随着时光的流逝，武则天年事已高，务必在行将就木之前选定自己的继承人。她曾想到了几个人选：一是让自己的侄儿武承嗣或武三思继位，二是让儿子中宗李显还宫。第一个人选武承嗣，因为在早年武承嗣曾建议

武则天

武后打击李唐子孙，诛杀不顺附武家的宰臣，倡议追赠武家先世为王，并为之兴立宗庙，也算是"有功之臣"。但当皇帝必须要品行端正，才能卓越，武承嗣无德无才，如何委以重任。再加上在武后称帝不久，曾私下设计，支使凤阁舍人张嘉福收买了一批洛州(今洛阳，时称"神都")人联名上书请立自己为皇太子，激怒了武则天，因此立他为太子是不大可能的了；另一个人选是中宗李显，李显是武后的亲生儿子，立他为太子顺理成章。但是，也正是武氏把他从皇帝宝座上赶下来的。况且，武氏更不想自己多年苦心经营下来的武氏政权就这样拱手让人。一旦李显回宫，一场你死我活的宫廷内战将不可避免。于是她想到了武三思，她喜欢这个对她八面玲珑的侄儿，她希望武三思能够得到宰相们的拥戴，并按照自己的意志将武氏政权延续下去。因此，她将自己的想法说了出来，打算征询宰相们的意见，群臣因惧于武三思的淫威，诺诺然不敢回答。这时宰相狄仁杰站了出来，力主迎庐陵王(即中宗李显)还宫，坚决反对立武三思为皇太子。

至此，武则天暂时放弃了立武三思为太子的想法，但仍未决定迎庐陵王李显还宫。

贼心不死　死有余辜

神龙元年(705)正月，武则天病情恶化，宰相张柬之与中台右承敬晖、司刑少卿桓彦范等联络禁军将领、羽林卫大将军李多祚等，拥太子李显至洛阳禁内迎仙宫长生殿(武则天寝宫)，杀掉张易之、张昌宗兄弟，迫使武则天传位于李显。中宗李显恢复国号为唐，上武则天尊号为则天大圣皇帝。同年十一月，武则天病死在洛阳上阳宫。

洛州长史薛季昶劝张柬之等乘势除掉武三思，张柬之以"不可滥杀无辜"而拒绝。不料，武三思摇身一变转眼间又成为中宗的"红人"。他除继续使用阿谀拍马的惯用伎俩外，又选择了"后宫"的门径。当中宗还宫不久，武三思便很快和中宗的妃子上官昭容勾搭上了，并且他又通过上官氏与中宗的皇后韦氏私通。

在此期间，宰相张柬之、敬晖等曾多次请求中宗抑损诸武禄位，许多大臣"或抚床叹愤，或弹指出血"声讨武三思的罪行，然而中宗非但不听忠臣之良言，反而更加宠信武三思。神龙元年七月，右卫骑曹参军宋务光也直言上疏。同样，中宗依然没有采纳。不仅如此，他还往往将宰臣们的这些建议悉数告知武三思，武三思得知后，会通过韦后或将其罢黜，或将其杀掉，气焰之嚣张甚至远过于武则天统治时期。

武三思的野心路人皆知，但惟独中宗被傻傻地蒙在鼓里。对于武三思的狗仗人势，朝野中许多人均敢怒而不敢言，但也确有不少正直之士与之挺而抗争或高声直喝，不过最后也大都由于中宗的懦弱和偏袒以及武氏势力的强盛而败北。敬晖、桓彦范即因此而饮恨九泉。

神龙二年，驸马都尉王同皎与周憬等人痛恨武三思及韦后之所为，于是召集壮士预定在武则天灵柩归葬之日（当时武则天已死）劫杀武三思。后因内部有人告密而未果。于是武三思先下手为强，向中宗诬告王同皎密结壮士，要谋害于他，并废韦后。不想，昏聩的中宗竟听信武三思之言，王同皎被处斩，周憬自刎于比干庙。

神成二年(706)，卫王李重俊被立为太子。韦后因为太子不是自己所生，十分痛恨，而武三思对其更是欲除之而后快。因此，武三思便利用韦后和上官昭容同李重俊之间的这个矛盾，怂恿她们上言中宗将其废黜掉。与此同时，武三思又假借自己的儿子是安乐公主的驸马之便，支使儿子武崇训让安乐公主屡次污辱李重俊，并呼他为"奴"，多次请中宗废之而另立太子，实际上也就是要求以武三思取而代之。

李重俊当然不是傻子，他知道这一切都是武三思搞的鬼。他想，武三思若不除掉，非但自己皇太子的位置难以稳固，就连性命也难以保全。于是决定先下手为强。神龙三年七月的一天，李重俊假托中宗皇帝下制书诛杀武三思，遂调集左羽林骑兵，杀武三思、武崇训于其家，并杀其党羽10余人。随后，又调兵包围皇城，想迫使中宗退位。结果因羽林军将士倒戈，大将军李多祚及李思忠等人被斩，李重俊逃入终南山避难，后在赴突厥途中被害。

睿宗李旦即位后，宣布武三思父子为叛逆，并开棺暴尸，夷平其坟墓。

姚　崇

姚崇(650－721)，武则天、中宗、玄宗时宰相。本名元宗。陕州硖石（今河南三门峡）人。其父姚懿在贞观年间曾任州都督。姚崇一生三次出任宰相，共居相位10余年。他挽救危局，整顿吏治，振兴经济，对开创开元之治、使唐朝重新走上繁荣和兴盛之路起了十分重要的作用，人称"救时宰相"。

才能卓越　破格重用

姚崇自幼便勤奋好学，敏而好问。成年之后为人正直爽快，崇尚节操。后以科举入仕，始授濮州司仓参军，后又任司刑丞。因他执法公正，作风端正特别受上司器重，所以连续晋升。到武则天时，姚崇已官至夏官（即兵部）郎中。此时，东北有契丹族不断侵扰边境，武则天一再派大兵抵御，因此兵部的事务特别繁忙，姚崇的才干在此时得到了充分的发挥。那些纷繁复杂的事务，到了他的手里，都处理得干净利索，井然有序。兵部是中央机关，皇帝自然对里面的事情知道得一清二楚。爱才的武则天对姚崇的才干很是赏识，立即就提拔他为兵部侍郎。皇上如此的赏识与信任，怎能让姚崇不感动！武则天赋予他的重任，对姚崇而言，不仅是一种鼓励，同时也是一种锻炼，越难处理的问题越能使他的才能得以提高。

姚 崇

早年，武则天为了巩固自己的统治，曾重用酷吏，奖励告密，以打击与自己唱反调的朝中大臣。因此，在一段时间里，朝中大臣人人自危，惶惶不可终日。姚崇当政以后，力图改变这种现状。神功元年(697)，武则天对大臣们说："以前周兴、来俊臣审理案件，多涉及朝廷大臣，说是他们反叛；国家法律摆在这里，我怎么能够违反呢？其中有的我也怀疑有冤枉，是滥用刑罚造成的，就派近臣到监狱中去审问，及得到他们手写的状纸，都是自己承认有罪，我就不怀疑了。但自从周、来二人死后，就很少再听到谋反的事了，这是不是意味着以前被杀的人中，有冤枉了的呢？"姚崇曾在刑部任职，故对这方面情况比较熟悉；对武则天本人他也比较了解，知道她也重用过一些坏人，滥杀无辜，然尚未完全被坏人控制，也任用一些正派人主管刑法，并在这个问题上能够听得进不同的意见。他针对武则天提的问题，直率而又诚恳地陈述了自己的看法，他说："恳求陛下，今后要是收到告状，只是把它收存起来，不要去追究就是了。假若以后发现证据，真的有人谋反，我甘愿承受知而不告之罪。"对此武则天表现得很高兴，并赐给他银千两。至此，姚崇与武则天的相知又更进一步。

过了一年，姚崇升任宰相。并在出任宰相的时候，往往兼任兵部尚书，所以对兵部的职掌非常熟悉；举凡边防哨卡，军营分布，士兵情况，兵器储备，他都烂熟于心。玄宗初年，作为宰相，他带头裁减冗员，整顿制度，任用官吏，注重才能，使得以皇帝为首的大唐封建国家职责分明，指挥灵敏。他与庐怀慎同作宰相时，请假十多天，政事积压很多，姚崇假满上班，很快裁决了积压下来的政事。然而，正因为姚崇为人正直，不畏权势，得罪了骄横跋扈、横行不法的武则天的宠臣张易之，被调出京城，任灵武道大总管。临行，武则天要他推荐一位宰相，他推荐了张柬之。此前狄仁杰曾两次向武则天推荐张柬之，张柬之每被推荐一次，就升一次官，但一直未登上宰相的宝座。这一次姚崇再次推荐，张柬之很快就走上了宰相的职位，而此时张柬之已是80高龄。

诛杀二张　远祸全身

张柬之做宰相后，亦对张氏兄弟的横行不法深感不安。朝臣们多次上书，要求惩治二张，但因为武则天袒护，始终在宫中逍遥法外。神龙元年(705)正月，武则天病重，张柬之认为此时正是诛杀张氏二兄弟的天赐良机。正好姚崇从驻地灵武回京，经过姚崇与张柬之等密谋，率500羽林兵，直接进入玄武门，杀死了这两个淫夫恶棍。随后，又对武则天施加压力，迫使武则天将帝位让给太子李显。

李显复位后，以姚崇、张柬之为宰相，因姚崇有功，加封他为梁县侯，食邑200户。后武则天迁居洛阳上阳宫，已即位的中宗李显带领文武百官至上阳宫问候起居。王公群臣相互庆贺，唯独姚崇呜咽流泪。张柬之对姚崇说："今日岂公流泣之时，恐公祸由此始。"姚崇说："我侍奉则天皇帝的时间已经很久了，现在要与她辞别，不禁悲从中来。日前助你诛杀奸邪小人，此乃人臣之义也；今日别旧君，亦人臣之义也，虽获辜，实所甘心。"中宗李显听到姚崇的这些话，心中非常不悦，故没过几日便将姚崇调离京城，出任亳州刺史。其实，姚崇的悲泣绝不是留恋君臣的私情，他看到张易之兄弟虽已被杀，武则天虽已让位给太子，中宗虽然已登上皇帝宝座，但武氏家族的势力很大，将来一定会有一场激烈的斗争，他不愿遭到武氏势力的暗算，因而才演出了这一出感人涕下的戏，以淡出激烈而黑暗的朝廷纷争。果然不出所料，第二年，武则天的侄儿武三思在中宗的支持下，削了张柬之等5人的实权，后在流放中被害。而姚崇却幸免于难。

姚崇罢相后，先后在亳州、宋州、常州等地当刺史，远离了京城，远离了是非之地。这时朝廷已为武三思和韦后所掌握，武三思渴望他们武氏重掌政权，韦后希望能够效仿武则天也当女皇帝，而中宗只是傀儡。太子李重俊对武、韦早已积恨在心，于景龙元年(707)七月，矫诏发羽林军，杀死武三思及党羽10余人，昏庸的中宗在韦后和女儿安乐公主的包围、逼迫下，发兵杀了太子李重俊。韦后和安乐公主野心越来越大，两人合谋，毒死了中宗。朝中大权完全掌握在她们手中。可是，好梦不长。李隆基策动禁军又一次发动政变，杀死韦后、安乐公主及其党羽。相王李旦在儿子李隆基和妹妹太平公主的支持下，恢复帝位，立三子李隆基为太子。景云元年(710)六月，拜姚崇为兵部尚书、同中书门下三品，姚崇第二次当了宰相。

三度为相　兴利除弊

睿宗李旦登基之后，却依然没有完全摆脱受制于人的情况，这次干预朝政的却是武则天的亲生女儿、睿宗的妹妹太平公主。她也想走其母武则天的道路。为了预防太平公主发动政变，威胁到太子的地位，姚崇和宋璟联名上奏，建议将太平公主安置在东都洛阳，其余掌握兵权的诸王派往各州当刺史。谁知单纯而昏庸的睿宗竟将姚、宋的想法毫不隐瞒地告诉了太平公主，太平公主大怒，李隆基也慌了手脚。为稳住太平公主以防突发事件，李隆基指控姚崇等挑拨皇上兄妹关系，应加严惩。于是，姚崇被贬为申州刺史，后又任扬州刺史、淮南按察史。在地方官任上，姚崇为官清廉公正，颇受百姓爱戴。

这一切都被英明神武的玄宗看在眼里。因此，唐玄宗李隆基继位后，决定再次起用姚崇为相。先天二年(713)，玄宗在新来驿讲武期间，秘密召见了姚崇，并听取了他对目前时事朝政的看法及建议。姚崇针对武则天以来的弊政和历史教训，提出十条挽救政治衰败的革新主张。玄宗听后，精神为之大振。他对姚崇的这些主张一一采纳，并且当时就拜其为兵部尚书、同中书门下三品。

姚崇第三次出任宰相，得到了玄宗的充分信任。借此机会，他实施了一系列改革。

姚崇从整顿吏治入手。自武后统治以来，皇亲国戚多居省以上要职，各个封王又多掌握朝中禁军，手握兵权。为了争权夺利，他们勾结朝官，迭相为乱，一时间，政治被他们整得混乱不堪，政局动荡不安。短短的八九年间，接连发生了五次政变。为了防止这种情况下的发生，姚崇协助玄宗，于开元二年将诸王改任外州刺史，并规定诸王"不任以职事"，"到官但领大纲，自余州务，皆委上佐主之"。这样，诸王便等于只享有尊荣，即地位与利益，但没有了兵权，从而亦失去了犯上作乱、胡乱征伐的基础。

姚崇还规谏唐玄宗，"戚属不任台省"。所以，开元初没有大封戚属。王皇后之父王仁皎，仅历任将作大监、太仆卿等职，史称"仁皎不预朝政"。姚崇还设法抑制功臣的权势，把一些官高势盛、居功自傲的功臣贬到地方做州刺史。这些措施如同釜底抽薪一样，消除了中央政局动乱的隐患，结束了多年来动荡不安的局面，使得社会经济发展，百姓安居乐业，因此，姚崇被人们称为"救时之相"。

在任用人才方面，姚崇要求德才并重。他推荐的广州都督宋璟，刚正不阿，为官清廉，是唐代的四大贤相之一。姚崇大力整顿吏治，严格诠选制度，罢免了以前的"斜封官"。因其由皇帝直接颁下敕书，用斜封交付中书省执行，故称为"斜封官"。

任人唯贤、量材录用，是姚崇吏治的主要做法。开元二年，申王李成义未经有关部门，私自奏请玄宗，把府中的阎楚珪由录事提拔为参军，这次授官属于私自请托，并没有经过吏部的审核。因此，虽然玄宗已表示同意，但姚崇上疏反对。他说："臣窃以量材授官，当归有司，若缘亲故之思，得以官爵为惠，踵习近事，实紊纪纲"。由于姚崇据理力争，玄宗才收回敕命。

抑佛灭蝗　辞相病终

唐代时期，佛道两教极为盛行。上自皇帝、皇后，达官贵人，下至豪绅富户，都利用宗教捞好处。特别是武则天统治以后，每年花在建佛寺、道观上的钱财就不计其数。同时，建造这些建筑又占用大量土地，无形之中霸占了许多耕地。而由于这些寺院享有特权，不向国家交纳赋税和服役。所以，许多无业流民都纷纷出家为僧，成为了不用纳税的被供养者。由于"度人为僧无穷，免租庸者达数十万"，造成国家财政日益枯竭。开元二年(714)，姚崇上疏玄宗，请求裁减和尚。他说："但使苍生安乐，即是福身；何用妄度奸人，使坏正法。历史事实说明，只知信佛，最后身死国亡。"玄宗采纳了这一建议，下令裁僧尼3万人，令他们还俗从事生产。玄宗还下令，禁止百官和僧尼道士往来，禁止铸造佛像，传写经书，禁止建造佛寺。修缮佛寺，也要报请批准。这些措施的实施使得耕地免被肆意占用，生产劳动的人员也有所增加，在一定程度上推动了农业的发展，增加了国家财政收入，具有良好的作用。

开元三年，一场天灾给山东(今太行山以东地区)人民带来了巨大的灾难。漫天飞舞的蝗虫犹如洪水猛兽吞噬了大片的庄稼青苗，甚至连田头的草木都不放过。当时，人们认为这是"天灾"，奈何不得，怕捕杀蝗虫会招致更大的灾祸，只能整日焚香祷告，祈求老天开恩。满朝文武也是一筹莫展。这时，姚崇又勇敢地站了出来。他建议派出御史分道杀蝗，并且提出了捕杀蝗虫的好办法。没想到，他的建议竟引起了朝廷和地方官的一片反对，他们都一致认为此非人力可为，就连玄宗也是举棋不定。姚崇以历史上曾出现的两次蝗灾为例，说明灭蝗"事系安危"，必须马上动手。那些反对者又提出种种问题借以刁难、推辞。姚崇反驳说："如今蝗虫布满山东，黄河南北的百姓都流亡他方，咱们哪能坐视不救呢？即使一下子除不尽，也比让它成灾强。再说，只要大家齐心协力，一定会战胜天灾！"他向玄宗保证除蝗一定成功，否则，甘愿一人承担责任，丢官弃爵也在所不惜。一番肺腑忠言，一身凛然正气，终于使玄宗坚定了决心，下令："灭蝗的事，我已决定，再敢说三道四者处以死刑。"

一场人类斗争自然的"捕蝗之战"拉开了。姚崇为那些特派御史起名为"捕蝗使"，命其分赴各地，促令灭蝗。这些使者还带去了姚崇捕杀蝗虫的巧妙方法：利用蝗虫喜光的特点，晚上他们在地边点火堆，火堆旁挖坑，将招引过来的蝗虫捕捉后边烧边埋。山东大地那段时间出现奇景，晚上经常火光通明，浓烟弥漫，还夹杂人们喜悦的欢呼声。在人们的奋力捕杀之下，一场灾难，就这样免除了。

开元四年(716)，姚崇辞去宰相职务，被授于开府仪同三司，但有关军国大事，玄宗还是常常听取他的看法及意见。开元五年(717)春，玄宗即将巡幸东都洛阳，太庙突然倒塌。玄宗询问身边大臣，大臣回答说："陛下服丧未满三年，巡幸东都不合天意。"因为睿宗是开元四年病死的。玄宗召姚崇询问此事，姚崇回答说："太庙大殿乃前秦苻坚所建，年久失修，木质腐朽，皆是自然之事，倒塌即是情理之中。陛下不必为之烦心。但倒塌之日与行期相合，只是巧遇。"姚崇劝玄宗，巡幸东都已准备就绪，不可误期，太庙修复重建就可，玄宗听从了姚崇的意见。

开元九年(721)九月，姚崇病逝，终年72岁。

宋　璟

宋璟(663－737)，睿宗、玄宗朝宰相，是与房玄龄、杜如晦、姚崇齐名的唐代四大名相之一。邢州南和(今属河北)人。先后两度出任宰相，宋璟为相，刚正不阿，直言敢谏，又精于吏治，是唐代的中兴名相，辅佐唐玄宗开创了"开元之治"的繁荣局面。

刚正不阿　勇斗奸佞

宋璟自幼勤勉好学，爱好广泛，所以小小年纪，便已博览群书，善于文辞。20岁左右因科举入仕，授上党尉，后又升任监察御史、凤阁舍人。为官正直，颇受武则天的赏识。

当时，武则天宠幸张易之、张昌宗兄弟，因此，这二人便有恃无恐，肆意横行。武则天长安三年(703)，张易之为诬陷宰相魏元忠，贿赂了凤阁舍人张说作伪证。同为凤阁舍人的宋璟知道了此事，极力劝说张说，千万不可为图个人利益而屈服于奸邪势力，陷好人于不义。并允诺倘有不测之祸，将和张说一起去死。张说如实上奏，使魏元忠免受陷害。

不久，宋璟调任御史中丞。这时武则天年事已高，张易之、张昌宗兄弟更加飞扬跋扈。但宋璟对其却更加蔑视、不屑。张氏兄弟几次三番欲讨好宋璟，无奈却被宋璟严词驳回，使得二人对宋璟怀恨在心。此后又多次中伤于他，但因武则天深知其情，宋璟才得以免祸。

长安四年(704)，二张因武则天病情加重，深以为虑，暗中密谋对策。这时有人发觉二张有异谋，告发二张谋反，但武则天不信，也不追问，这时，许州杨元嗣告发说，张昌宗曾令术士李弘泰看相，李弘泰说他有天子相，还劝他在定州建造佛寺，使天下归心。因为涉及谋反大事，这次武则天派凤阁侍郎韦承庆、司刑卿崔神

宋　璟

庆和御史中丞查明上报。韦、崔二人俱怕二张的权势，便为张昌宗开脱，说张昌宗已将李弘泰的话告诉皇上，不可加罪。宋璟质问说："易之等事露自陈，情在难恕，且谋反大逆，无容首免。应收入牢狱，详加追问，以明国法。"他还对武则天说："易之等久蒙驱使，分外承恩，臣必知言出祸从，然义激于心，虽死不恨。"武则天听后非常不悦，眼看就要将宋璟给问罪了，宰相杨再思急忙把宋璟拉了出去。宋璟说："圣主在此，不烦宰相擅宣敕命！"宋璟始终不放过二张，坚持要将张氏兄弟查办，以惩国法。于是，武则天只得将张易之、张昌宗入狱。

但没过几天，又将他们特赦放出。为了缓和矛盾，武则天令张氏兄弟到宋璟家谢罪，宋璟拒不会见，说"公事当公言之，若私见，则法无私也"。他对二张恨得咬牙切齿，对左右的人说："不先击小子脑袋，负此恨矣！"

宋璟对二张的斗争关系到国家的法律、法规，因为谋逆之罪，非同小可。所以，朝中大臣也一致联合起来要将张氏兄弟交有司查办。左拾遗李邕上奏武则天，说宋璟所奏，非谋自身私利，而在安定国家，但武则天偏偏就是要维护这张氏兄弟，不听任何大臣的劝谏。后来，为了避免矛盾，武则天派宋璟到扬州当按察，宋璟说："审理州县案件，是监察御史的职责。"后又诏令宋璟按察幽州都督屈突仲翔。宋璟又拜辞说，"御史中丞非大事不得出京。仲翔犯的是贪赃罪，要臣前去，必有害臣之心。"随后，又下诏为李峤副使，出使陇蜀。宋璟又辞掉这个差使，说："陇右没有变故，臣以御史中丞为李峤之副，朝廷还无先例。"为惩二张罪，宋璟三次违诏，不肯奉诏前行。本来，张易之兄弟想借宋璟出京的机会，向武则天弹劾，将其斩草除根、永绝后患。此计不成，他们又生一计，准备在宋家举办婚事时，趁人多眼杂之际将其刺杀。宋璟知道了阴谋，就乘坐破车躲到别处歇宿，刺杀的阴谋也以失败而告终。

中宗李显复位后，宋璟任吏部尚书兼谏议大夫、内供奉，不久又改任黄门侍郎。然而中宗昏聩无能，朝政大权完全掌握在皇后韦氏和武三思手中。

神龙二年，京兆人韦月将因实在看不惯武三思与韦后私通，祸乱朝纲，便上书中宗，告发武三思"潜通宫掖，必为逆乱"。武三思闻知后，暗使手下人诬陷韦月将大逆不道。此时的中宗早已不辨是非，武三思说什么便是什么，因而特令处斩韦月将。宋璟请求查证之后再加定罪。中宗不听，宋璟抗言说："请陛下先将臣斩首，不然不能奉诏。"中宗无奈，才免韦月将死刑，发配岭南。后来又将他处死。不久，宋璟被排挤出了朝廷。武三思还利用手中的权力，将宋璟调到杭州、扬州做刺史，后又迁任洛州刺史。

当时，韦后、武三思相互勾结，权倾朝野。为实现自己的政治目的，扫除政治之路的障碍，韦、武二人企图废掉太子李重俊。但后来武三思却被太子李重俊杀死。

景龙四年(710)，韦后毒死中宗，企图效法武则天做女皇。中宗之弟李旦的儿子李隆基联合武则天的小女儿太平公主发动政变，杀死韦后和安乐公主。睿宗李旦复位。

革除弊政　犯言直谏

睿宗复位后，宋璟为检校吏部尚书、同中书门下三品，成为宰相。他和姚崇同朝为臣，二人同心协力，为改变从中宗以来所积留的弊政而努力。

中宗时期，外戚和诸公主干预朝政，吏治腐败，贪污成风。当时有一种授官形式称"斜封官"，即只要出钱30万，不论何人都可以为官，并且不经中书、门下批准，直接由皇帝降墨敕授予。这无异于助长恶风恶习，由于这些斜封官大都是富豪商贾，有的斗大的字都不识，只知对百姓肆意搜刮、施虐。一时间，民怨四起。姚崇和宋璟上疏睿宗，请求罢免斜封官，进忠良，退不肖，共罢免斜封官数千人，纲纪为之一振。同时，宋璟还从整顿制度着手，恢复三铨制度，在候选的上万人中，铨选了2000人。其选拔、考核官员，不畏地位高低，不论交情亲疏，唯贤是举，赏罚公平，时人以为有贞观遗风。

后来，因为太平公主欲夺权谋反，宋璟被罢相贬为楚州刺史，后调动极其频繁，最后转任广州都督、五府经略使。宋璟依旧严格执法，公正无私，使治下的吏民无不信服。然而对当地的百姓却是充满人情味的：他将违法乱纪的豪强和官吏绳之以法，就是为了让百姓能安居乐业；制定一系列切实得体的利民措施，将砖瓦结构的建筑引进广州，教百姓烧砖瓦、盖房子，使得原来由竹舍茅屋引发的火灾大幅度减少。民众为感激他的恩德，特地还为其立了"遗爱碑"。

延和二年(712)，睿宗传位给太子李隆基，是为玄宗。唐玄宗决心革除弊政，使国家快速地复兴起来。开元之初，唐玄宗任用姚崇为宰相，整顿吏治，开创了开元之治的繁荣局面。姚崇辞去宰相后，唐玄宗又采纳姚崇的建议，任命宋璟做宰相。

宋璟为宰相期间，不仅能够选贤任能，更能量才用人、人尽其才。他注意到括州员外司马李邕、仪州司马郑勉，有才略，有文采，但思想和性格上有不少毛病，宋璟感到"若全引进，则咎悔必至，若长弃捐，则才用可惜"。于是，根据各人的特点，分别拜任渝州刺史和硖州刺史。大理卿元行冲在人们的心目中才行兼备，但上任之后，却发现并不称职，于是调其为左散骑常侍。

宋璟选拔官吏，大公无私，对人对己无一例外，即使是自己的亲属也不例外。他有个堂叔叫宋元超，在吏部选拔官吏时，特别说明自己是宰相宋璟的叔父，实际上是想借宋璟的名声得到一官半职。宋璟知道后，特别给吏部交代，说宋元超既表明了他和自己的关系，就更不能予以任用。宋璟的用人，不论皇亲国戚，一视同仁。岐山县令王仁琛，是玄宗称帝前的藩邸故吏。唐玄宗特降墨敕令授五品官，宋璟上疏以为不可，请求由吏部考核，按制度办事。玄宗只得听从宋璟的意见，收回成命。

宋璟为人耿直，做宰相时，因为敢于犯颜直谏，唐玄宗很敬畏他，对于他的意见，亦是常常听从。开元五年(717)，宋璟随同玄宗巡幸东都，路过崤谷(今河南陕县)，山高路窄，难以行走。玄宗十分恼怒，要罢免河南尹李朝隐和负责旅途事务的知顿使王怡。宋璟进谏说："陛下方事巡幸，今以此罪二臣，臣恐将来民受其弊"。玄宗听后自觉理亏，遂免去了二人之罪。

也许是由于社会经济的发展及政治的宽松，人民的生活也比较富足，所以社会风气趋向奢华，讲求厚葬。王皇后的父亲去世，请求建造高五丈二尺的坟茔，玄宗答应了。宋璟和同朝宰相苏颋上疏玄宗，指出厚葬和薄葬是俭与奢的大事。玄宗完全接受了宋璟的劝谏，还特意赏给宋璟、苏颋彩绢400匹。

开元八年(720)正月，由于民间私造的恶钱质量低劣，它的流行导致贫者日贫富者日富。宋璟和苏颋奏请皇帝下令禁止恶钱的铸造。这一举措伤害了铸钱富豪的利益，引起了他们的不满。于是，唐玄宗只得将宋、苏二人罢相以缓和矛盾。宋璟任开府仪同三司，不再握有实权。

宋璟罢相后，仍然刚正不阿，不畏豪强，敢于犯谏，忠直不改。开元十二年(724)，玄宗东巡泰山，宋璟留守京师。玄宗出发时对宋璟说："卿是国家元老，为朕之股肱耳目。现在将分别一段时日，有什么话要嘱咐朕的吗？"宋璟一一直言相告。玄宗并将宋璟"所进之言，书之座右，出入观省，以诫终身"。

开元二十年(732)，宋璟因年老体弱，请求辞职。开元二十五年(737)，宋璟去世，享年75岁。赠太尉，谥"文贞"。

张 九 龄

张九龄(678－740)，玄宗朝宰相。字子寿，一名博物。韶州曲江(广东韶关)人。家中世代为官，其父张弘愈曾为索卢丞。张九龄是唐代有名的直臣严相，也是唐朝有名的诗人。

科举出身　步步升迁

张九龄自幼才智过人，且勤奋好学，因此少时便因能诗善文，颇具名气。武则天神功元年(697)中进士，授校书郎。

景云元年(710)六月，太子李隆基集天下文士，亲加策问。张九龄因对策优秀被升为左拾遗，不久，太子李隆基即位，张九龄被任命为左补阙。由于才学出众，办事公允，曾连续四次负责对人才的选拔考试，由于评得公正而令人信服，为朝中官员所称道。开元十年(722)调任司勋员外郎。当时宰相为张说，因与张九龄是本家，所以对张九龄特别器重，亦非常欣赏他的文才，常对人说："后出时人之冠也。"张九龄视张说为知己，两人关系十分密切。开元十一年(723)张九龄为中书舍人。

张九龄

开元十三年(725)，玄宗到泰山封禅，张说以宰相的权力亲自为玄宗选定随同官员，由于随同者多为中书、门下二省官员，封禅回来之后，随行人等皆加官进级。张九龄提醒张说："官爵者，天下之公器，德望为先，劳旧次焉，若颠倒衣裳，则讥谤起矣。"但是张说却没有把张九龄的劝告放在心上，结果为内外所怨。

第二年四月，御史中丞宇文融弹劾宰相张说"引术士占星，徇私僭移，受纳贿赂"。结果张说罢官居家，张九龄因与张说关系密切，亦受牵连，先改任太常少卿，后又出为冀州刺史。张九龄以家中老母尚在，冀州路途遥远难以尽孝为由，上书请准予换至江南。玄宗许之，改为洪州都督，继而转桂州都督，兼岭南道按察使。

开元十八年(730)，张说去世，玄宗想起他生前曾多次推荐张九龄为集贤院学士以备顾问的话。于是，召拜张九龄为秘书少监，集贤院学士，副知院事。当时正巧赶上朝廷为给渤海国的诏书而发愁的事情，张九龄的到来使这个难题迎刃而解，挥笔立就。为此，玄宗特别高兴。不久转工部侍郎，知制诰，又转中书侍郎。不久，因母丧归乡里。

开元二十一年(733)，唐玄宗又恢复张九龄的中书郎职务，并加同中书门下平章事，做了宰相。第二年，改任中书令。

直言敢谏　整肃吏治

早年的唐玄宗是个勤政爱民、励精图治的英明君主，然而在其统治后期却开始沉迷于酒色安乐享受。张九龄当宰相的时候，唐玄宗正处在由前期到后期的转变时期。面对着君主的巨大转变，而对着天下百姓期待的目光，张九龄只能将个人生死放于一边，怀着儒家忠君爱国的理想，他力求挽救日益严重的社会危机。

张九龄认为，人才是国家兴亡盛衰的根本，他说，"国家赖智能以治"；"国家之败，由官邪也"，"任人当才，为政大体"。基于这样的认识，他任用官员的过程中，强烈地反对以私情用人，反对压制人才，反对论资排辈。为了改变重京官轻外官的弊端，他上奏玄宗说："欲治之本，莫若重守令。"因为县令和刺史才是百姓的父母官，他们永远站在离百姓最近的地方。他主张："凡不历都督、刺史，虽有高策，不得任侍郎、列卿；不历县令，虽有善政，不得任台郎、给事中、中书舍人。"这些主张对提高外官地位、整肃地方吏治，从根本上改变百姓的生活状况起到了很好的作用。

开元二十三年(735)，幽州节度使张守珪因打败契丹有功，玄宗打算拜其为相。张九龄认为不可，他反问玄宗，"守珪才破契丹，陛下即以为宰相，若尽灭奚、突厥等，将以何官赏之？"说得玄宗大梦初醒，才知道自己行为之莽。李林甫口蜜腹剑，深得玄宗宠信，于是玄宗又想提拔他当宰相。在征求张九龄意见时，张九龄对玄宗说："宰相系国安危，陛下相林甫，臣恐异日为庙社之忧。"然而此时的玄宗也有些不讲理，即使张九龄极力反对，但他仍一意孤行，任李林甫为宰相，酿成了严重的后果。

朔方节度使牛仙客在河西任职时，节约用度，勤于职守，因而仓库充实，器械精良。玄宗打算任命他为尚书，张九龄认为不可，他说："边将实仓库，修器械，乃常务耳，不足为功。"然李林甫本身就是一个嫉贤妒能的小人，他最痛恨的就是有学问的人，所以，张九龄就成了他的政敌，再加上张九龄又曾阻挠他当宰相的事，因此一直怀恨在心。于是，他便借此事中伤张九龄，说张九龄徇私情，打击同僚，不识大体等等。第二天，玄宗又提出为牛仙客封爵的事，张九龄还不同意，玄宗大怒说："到底你是皇帝，还是我是皇帝？"张九龄伏地叩头说："臣不敢不尽言。牛仙客目不知书，若当此大任，恐怕不合众望。"张九龄的犯颜直谏使玄宗感到厌烦。李林甫善于猜度他人的心思，因此在事后，经常谗陷张九龄，最终取得玄宗信任，使得权力从张九龄转移到了自己的手中。开元二十四年(736)，张九龄罢知政事，改任尚书右丞相。第二年，监察御史周子谅弹劾牛仙客，触怒唐玄宗，而被流放外地。不久，周子谅死于途中。张九龄也因当初举荐周子谅，被贬为荆州大都督府长史。

开元二十八年(740)二月，张九龄去世，终年63岁。

李 林 甫

李林甫(? —752)，玄宗朝著名奸相。小名哥奴，出身皇族。李林甫收买嫔妃宦官，迎合皇上旨意，因而获得信任，执掌大权。李林甫表面上甜言蜜语，背后却暗害构陷，人称"口有蜜，腹有剑"。李林甫在相位19年，以阴险歹毒和工于权术闻名，唐玄宗晚年政治腐败，他有着不可推脱的责任。

出身宗室　刻意钻营

唐朝著名奸相李林甫也是皇族出身，其祖父为唐高祖李渊的堂弟、长平王李叔良，父亲李思海曾任扬府参军，楚国公姜皎是其舅父。李林甫从小不学无术，是个只知道招猫逗狗、吃喝玩耍的浪荡公子，但其舅父却对他非常宠爱，为了给他找点事情，别整日地无所事事，便让他做了个千牛直长的小官。开元初年(713)，又升为太子中允。其后，他一直是个小官，直到开元十四年(726)才被迁为御史中丞，后来又当过刑部侍郎和吏部侍郎。

虽说林李甫没有读过书，胸中并无半点文墨，但是对于讨好他人、猜度他人心思却是颇有研究。当时，武惠妃是唐玄宗最宠爱的妃子，其子寿王李瑁和感王李琦也特受宠信，而太子李瑛却被玄宗日渐疏远。李林甫发觉这些微妙之处后，便开始献媚于武惠妃，并表示要拥立寿王李瑁为太子。武惠妃听了非常感激，便经常在玄宗面前为他美言。同时李林甫还巴结侍中裴光庭的夫人，通过她请求宦官高力士举荐他做高官。当时，李林甫得到韩休将被重用的消息，便立即向他大献殷勤。韩休担任宰相后，在唐玄宗面前竭力推荐李林甫。玄宗听到这么多人推荐李林甫，便认为他非常有才能，便将其升为黄门侍郎。

开元二十三年(735)五月，李林甫被提升为礼部尚书、同中书门下三品，并加赐银青光禄大夫，正式登上了相位。同时为相的还有侍中裴耀卿和中书令张九龄。而张九龄曾多次明确而极力地反对玄宗任李林甫为相，因此李林甫怀恨在心，于是表面阿谀奉迎，心里却伺机报复。

为了满足自己的政治欲望及对权力的追求，他极力地结交皇帝身边的宦官、侍女以及嫔妃们。每次奏请之前，他都要先通过妃嫔摸清玄宗的旨意，故每次都能说到玄宗的心坎上。开元二十四年十月，时在东都洛阳的唐玄宗忽然想提前返回长安，征求宰相的意见。裴耀卿和张九龄都说："目前正值秋收时节，各地方都正在忙于农事，陛下此时动身，必定会惊扰百姓、影响农忙，还是等到隆冬再起驾西还。"玄宗一想也对，便作罢了，但心中还是有些不快。待裴、张两人离开后，李林甫说："长安、洛阳是陛下的东西宫，往来行幸，应由陛下决定，何必要选择时间？就是妨碍农民的秋收，只要减免路过地方农民的税收就行了，有什么大不了的。"玄宗一听，真是无限快慰，立即命令百官，即日动身西行。

张九龄为人正直，对反对的事拒理力争，渐渐让唐玄宗感到心烦。开元二十四年十月，唐玄宗因朔方节度使牛仙客勤于工作、有所政绩，想任其为尚书。张九龄认为边境小吏难以担当重任，况且治理一个国家不如

唐玄宗李隆基

治理地方那么简单，与行军打仗不一样。李林甫却迎合玄宗，认为牛仙客为难得的相才，日夜在唐玄宗面前说张九龄的坏话，什么嫉贤妒能啊，不识大体啊，忤逆圣意啊。结果唐玄宗遂免去了裴耀卿和张九龄的宰相职位，改授尚书左、右丞，李林甫则改任中书令，牛仙客为工部尚书、同中书门下三品。李林甫成为了大权在握的奸相。

开元二十五年(737)，监察御史周子谅上书弹劾牛仙客，反倒自己被流放。由于周子谅曾被张九龄举荐，所以李林甫又在唐玄宗面前诬告说：周子谅此举乃张九龄指使所为。唐玄宗再一次不辨是非地把张九龄贬为荆州刺史。唐玄宗还采纳了李林甫的意见，杀死了他的三个儿子。大理少卿徐峤上奏称大理寺鸟雀做窝，表明犯法者很少。唐玄宗听了很高兴，将功绩归于宰相李林甫，诏赐晋国公。次年，李林甫又兼陇右节度使和河西节度使。

口蜜腹剑　嫉贤妒能

天宝元年(742)三月，玄宗看到兵部侍郎卢绚垂鞭按辔，从勤政殿下经过。其精神抖擞，英姿勃发，玄宗因此赞叹有加，流露出要委以重任的意思。这一情况很快为善猜人意的李林甫知道，他深怕重用卢绚会危及自己的权势。便立即召来卢绚的儿子，对他说："尊府素望，上欲任以交、广，若惮行，且当请老。"卢绚一听要到边远的广州地区去任职，急忙上书玄宗，诉说自己年老不堪重任。唐玄宗一看非常生气，就罢免了卢绚兵部侍郎之职，出为华州刺史。后又授太子员外詹事。卢绚就这样被李林甫排挤出仕途。

绛州刺史严挺之，曾为尚书左丞，善于为朝廷推荐能人贤士，因得罪李林甫被贬外任。天宝元年(742)玄宗问李林甫："严挺之何在？此人亦堪进用。"李林甫马上召来严挺之的弟弟严损之，对他说："皇上要大用你哥哥，你得设法让你哥哥进京与皇帝面见。"严损之十分感激。马上找来一纸，写了请求入京就医的文字，给了李林甫。李林甫拿着去见玄宗，说："挺之年高，近患风，须授散官，便于在京城就医。"玄宗看了严损之的奏折，感到特别遗憾。他怎么也没有想到自己被一个小人玩弄于股掌之间。天宝六年(747)四月，玄宗授严挺之太子詹事，在东都洛阳养病。

宰相李适之与李林甫不和，李林甫便想着办法害他。一次，李林甫对李适之说："华山有金矿，皇上好像还不知道此事。"过了几天，李适之将此事报告给玄宗。玄宗征求李林甫的意见。李林甫说："臣久知之，但华山陛下本命，王气所在，凿之非宜，故不敢言。"当时玄宗十分崇信道教，听了李林甫的话，对李林甫更加宠爱，而对李适之非常厌恶。继而李林甫又诬告李适之与人结为朋党，为祸朝政，结果导致数十人被贬被杀，后又逼李适之自杀身亡。

唐玄宗对李林甫十分宠信，政事无论大小，都要和李林甫商量。天宝三年（744），唐玄宗对高力士说："现在天下无事，人民安居乐业，我想把政事全部委托给李林甫处理，你以为如何？"虽然李林甫亦极力讨好高力士，但高力士却绝非李林甫这等无耻之徒。因此，高力士回答说："天子大权不可让他人代柄，李林甫权势咄咄逼人，一旦他大权在握，谁还敢议论政事！"玄宗听后很不高兴。高力士连忙跪倒磕头，称自己才疏学浅，不懂军国大事，一时言语鲁莽，不知轻重，罪该万死。高力士是伴随在玄宗身边几十年深得玄宗宠信的宦官，他尚且如此难以说服玄宗，更不用说其他人了。

李林甫为了保住自己的地位不被他人取代，便竭力堵塞言路以掩蔽玄宗耳目，他召集众谏官，向他们宣布说："当今皇上圣明，作为臣下应当只是顺从他的旨意，不必要去议论朝政。各位没有看到立在那里的仗马，它的食料相当于三品官的俸禄，但它必须终日不叫，一旦嘶叫，就会被撵走、杀死，那时后悔就来不及了。"从此，众谏官没一人敢随便说话了。

李林甫因为自己没有才学，所以特别嫉恨那些有才能的文人。天宝六年（747），唐玄宗特地下诏以求天下有才之士为国效力，凡是有一技之长的都要到京城长安参加选拔。李林甫深怕这些将被征召或选拔的人才有朝一日会在玄宗面前揭穿自己鄙陋不堪的面目和不学无术、虚伪的外表。因此，向玄宗建议说："草野之士粗俗卑贱，他们的污言浊语，会有辱圣上，臣请皇上全部委托尚书省进行策问考试。"于是玄宗下令各郡县长官精心选试，将有卓越才能者送到尚书省进行复试，在对入选者进行复试时，因为李林甫做了手脚，结果无一人及第。玄宗感到特别纳闷，为何无一人录用。为此，李林甫上奏玄宗说天下有才能的人已尽为朝廷所用，无一遗漏。

处心积虑　害人害己

由于李林甫的嫉贤妒能，因此只要有人不依附于他，不听从于他，他就会想方设法打击、排挤，进行残酷的迫害。李林甫家中有间厅堂，称为"月堂"。每当他要排挤打击哪位大臣，就住进去思谋策划。每当他从月堂中走出来的时候，那就意味着又一个阴谋就要实施了。他在长安设立了推事院专治狱事，任用萧炅、吉温、罗希奭等一批酷吏。吉温生性残酷，六亲不认，他常说："如果遇上知己，即使南山白额虎也能为他缚得。"罗希奭是杭州人，以残忍著称，因为受到李林甫的赏识，由御史台主簿升为殿中侍御史。罗、吉两人一切视李林甫的眼色行事，凡是酿成狱案的，没有一个人能够逃脱，当时人们称他们为"罗钳吉网"。

李林甫排除异己的方法多种多样，其中利用他人之间的矛盾这一条可谓是无往而不利。户部尚书裴宽和刑部尚书裴敦复有矛盾。当裴宽有可能当宰相时，李林甫和裴敦复交结，让他揭发裴宽，从而使裴宽被贬为睢阳太守。李林甫又趁势派人去杀裴宽，"宽叩头祈请"，才免于一死。后来，裴敦复因有战功受到朝廷的嘉奖，李林甫又因嫉妒他受朝廷器重而诬害他，将他贬为淄川太守。

　　刑部尚书韦坚，其妻子是李林甫舅舅姜皎的女儿，他的妹妹还是太子李玙的妃子，已为官多年，深得玄宗赏识，后来被提拔为陕州太守、水陆转运使，当他有可能被提拔为宰相时，李林甫便开始算计韦坚。天宝五年(746)春，河西节度使皇甫惟明亦忠耿之士，因破吐蕃有功，入朝报捷。他看到李林甫骄横跋扈、专权朝廷就很气愤，于是劝玄宗除掉李林甫，李林甫听说大吃一惊，暗使杨慎矜监视他们的行动。他们发现，元月十五日晚，太子出游和韦坚相见，发现韦坚又和皇甫惟明会见于景龙观。于是李林甫便参奏玄宗说韦坚与皇甫惟明勾结，阴谋拥立太子为帝，玄宗大怒，随将二人关入大牢，后分别贬为缙云太守和播州太守。将作监少匠韦兰、兵部员外郎韦芝是韦坚的弟弟，上书为韦坚喊冤，并请求太子玙为之说情。玄宗十分气愤，太子怕祸及己身，为保自己的地位，他连忙上表请与韦妃离婚，声称不要因为与韦氏有亲戚关系而徇私枉法。于是，玄宗下诏，再贬韦坚为江夏别驾，其弟韦兰、韦芝被贬到岭南。而因此案遭贬官、流放的达数十人。

　　还有一个就是杨慎矜案。杨慎矜本是李林甫门下，因受玄宗重用，擢升为户部侍郎。李林甫见他擢升，十分嫉妒。他利用杨慎矜和王鉷的矛盾，让王鉷参奏杨慎矜，说："杨慎矜乃隋炀帝的玄孙，家中藏有谶书，阴谋复辟。"玄宗听后十分恼怒，将杨慎矜逮捕。酷刑之下，杨慎矜只得承认罪名，但始终搜查不出谶书来。李林甫派卢铉再次入长安杨家搜书，他在袖中藏着的伪造的谶书就这样进入杨慎矜的书房。一会儿，手里拿着谶书走出来。杨慎矜看到后绝望地说："我不曾藏此谶书，今天必死无疑！"不久，玄宗诏赐杨慎矜及其弟杨慎余、杨慎名自尽，妻子儿女流放岭南。这一案件涉及数十人。这就是历史上著名的"杨慎矜案"。

　　李林甫因善于溜须拍马得到了玄宗的信任，因有了权势而胡作非为。他在京城的府第楼台亭榭，十分奢华。晚年，他沉溺于声色，家中姬妾侍女不知有多少。然而他的内心却并不痛快。他自知结怨天下，常常惧怕刺客，每次出门总要有步骑百余人左右保护。住宅周围，岗哨林立。就连睡觉，一夜也都要换好几个地方，整日都在担惊受怕中度过。

　　天宝十一载(752)，一生害人无数的李林甫终于结束了自己罪恶的一生。在他死之前，陈希烈等开始揭发他的罪行。他刚死还没有来得及下葬，杨国忠就上奏玄宗，告他有异谋。于是，朝廷下令全部削夺了李林甫的官爵，剖棺剔取含殊金紫，更以小棺，用庶人之礼埋葬，几个儿子也流放岭南。

杨 国 忠

杨国忠(? — 756)，玄宗朝右相。原名杨钊。蒲州永乐(今山西永济)人。杨贵妃堂兄。他依靠贵妃的关系进入了朝廷，并掌握大权，结党营私，为非作歹，最终落了个悲惨而死的下场。

纨绔子弟　因妹发迹

杨国忠自幼不务正业，游手好闲，喜欢聚众赌博，经常酗酒，因此穷困潦倒，经常向人乞钱，为同族之人所瞧不起。30岁时，他在四川从军，因表现优异，当上了新都尉。过了一段时间，杨国忠被调任陕西扶风县尉，但仍不得志，又来到四川。

天宝四载(745)八月，杨玉环被唐玄宗册封为贵妃，很是得宠。

当时玄宗已年届花甲，虽不理朝政，但于声色犬马其兴趣却有增无减。而此时的杨国忠亦因杨贵妃的关系被擢为金吾兵曹参军、闲厩判官。这虽仅为宫廷的普通武官，但可与其他供奉官随时入禁中侍候。因其有专才，特为玄宗掌管蒲簿——赌博时计算输赢的账簿。杨国忠精心计算，锱铢不误，分毫不差，深得玄宗欢心。玄宗称赞道："是做度支郎的好材料啊。"不久，杨国忠即升监察御史，杨国忠以其国戚身份一步登天。

监察御史，此官虽然不大，却为重要之职，具有巡察百官、监督各司官吏的权力。不过玄宗时官制混乱，从武则天当政开始，由于不信任大臣，而不用本司官视事，常用他部门官员为使职差遣官，侵权代办，至玄宗朝开元年间遂成定制。因此，杨国忠也没有什么事情可干，整日就侍奉在玄宗左右，以便随时差遣。不到两年后，杨国忠身兼度支员外郎、侍御史、监水陆运及司农、出纳、宫市、召募剑南健儿等15余使职时，把握朝政大权的李林甫看着权势渐显、羽毛渐丰的国舅杨国忠，也深感忧虑了。

排斥异己　独揽大权

当时，杨国忠为了向上爬，竭力讨好为玄宗所宠信的宰相李林甫，李林甫看杨国忠是位皇亲国戚也就极力拉拢。两人一唱一和，狼狈为奸。但看到杨国忠权势日渐显赫，李林甫逐渐产生嫉恨，杨国忠对李林甫这个阻碍他仕途发展的小人，也欲

除之而后快。不久，杨国忠升为兵部侍郎兼御史中丞。天宝八载(749)，李林甫的同党刑部尚书萧炅和御史大夫宋浑因贪污受贿案被贬斥、流放，杨国忠乘机上书玄宗，将他们彻底清除，从此开始了代替李林甫执政的第一步。

天宝十一载(752)，南诏王阁罗凤因不满于唐朝边将的欺凌，在击败唐军之后臣服于吐蕃，边疆情势突然紧张起来。身为剑南节度使的杨国忠处于一片指责声中，当然，这其中的因素不乏李林甫的捣鬼。为了缓解朝廷中的舆论压力，特别是还击李林甫的小人行径，并迎合玄宗开边的雅意，杨国忠就主动请求到镇处置边庭事务。李林甫为早日将杨国忠排挤出朝廷，在杨国忠请求外调之后立马上奏请求玄宗下诏令杨国忠速速赴镇。他当然知道，杨国忠从未带兵打过仗，但这是名正言顺的事。因请调之事为杨国忠主动请缨，玄宗自然批准李林甫的奏请。

临行，杨国忠哭着去和玄宗告别，担心此去性命难保。杨贵妃也向玄宗动以亲情，玄宗垂以恻隐之心，答应杨国忠到镇处理好军务便计日召回；还作诗送行，所言即出将入相之意。十月，杨国忠惴惴不安地上路，十一月就从蜀地被召回。一回来，他就得知李林甫病重，决定亲自去"探望"一二。原来李林甫因声色过度而身体日衰，加之晚年因失宠而忧闷满怀，果真卧床不起。李林甫见杨国忠这样快就返京，不禁流泪说："林甫将死矣，公必定为宰相，以后的事就劳累你了！"杨国忠听其直言，却难辨真伪，突然想到自己孤身一人身处李府，万一有什么难以对付，不禁出了一身冷汗。不久，为相19年的李林甫一命呜呼，杨国忠放下心来，随即接任右相，其他所兼使职如故。

李林甫当政时，自认为天下无事，便改变了上朝制度，上午就本司办公，下午经常是回家休息，有事也是在自己家里办。因为玄宗早已不理朝廷中事，大都均由宰相代理。杨国忠因袭不改，有时甚至在家里办公，对待下属官吏颐指气使，驱使如同家仆。杨氏姐妹颇觉新奇，聚在帷幔后面窥视官吏们来往穿梭奔忙，看到不顺眼的便哗然取笑，肆无忌惮，喧闹之声传于府外，大臣们惧于杨家的势力，只能忍气吞声。

杨国忠当了宰相后，朝政被整得乱七八糟，玄宗由于日日宠幸杨贵妃，根本不知道朝廷之外发生了什么事。天宝十二、十三载水旱相继，关中大旱，京兆尹李岘将灾情如实上奏，杨国忠对李岘不依附于己早已不满，就把灾害责任全部归咎于李岘，贬其为长沙太守。十三载又逢淫雨，玄宗担忧大雨伤稼，杨国忠却挑选几把未受灾的禾苗给玄宗看，说："雨虽多，但并未成灾。"扶风太守房琯上报灾情，杨国忠竟派御史前去将其追查惩办。自此，各地方官再也不敢如实上报灾情。玄宗仍不放心，询问宦官高力士实情，高力士答道："自从

杨贵妃

陛下授权宰相，赏罚无章，阴阳无度，臣何敢言！"玄宗听后默然无语。

天宝九载时，云南太守张虔陀因对南诏粗横无礼，激起南诏反抗而被杀。十载四月，杨国忠推荐鲜于仲通为剑南节度使，率兵8万进攻南诏。其实，南诏并非真想与大唐为敌，大军压境，南诏便向唐军求和，以防矛盾越积越重。谁知鲜于仲通竟在杨国忠的授意下拒绝求和，非要开战。结果，唐军死伤无数，大败而回。后来南诏不得已归附吐蕃，立碑刻文，表明背唐并非出自本心，容后世复归于唐。杨国忠却掩盖败绩，叙其战功，并自领剑南节度使，而让鲜于仲通代京兆尹。十一载杨国忠相权在握，更迎合上意，欲立边功，继续在两京及河南、河北大规模征调兵力。唐朝旧制，为了鼓舞战士们的作战斗志与勇气，凡因战功而受封赐爵的家族，下次战时可以免征入伍。杨国忠却下令先征勋户丁壮，又严督郡县募兵，不足员额则以下级吏属充数。于是郡县强拉诱骗穷户子弟，对待他们像罪犯一样，押送至军。结果民心浮动，丁壮的父母妻子纷纷遮拦于道，哭喊之声直冲云霄。甚至有不愿从军卖命者以自残肢体相抵制。

天宝十三载，杨国忠派遣剑南留后李宓率兵10余万再攻南诏。李宓贪功冒进，南诏诱其深入。唐军本来就士无斗志，又深入不毛之地，供应难继，士兵水土不服，还没有上战场，死伤者就有十之八九。六月，李宓在南诏腹地大和城北全军覆没。杨国忠却又一次以捷报上闻。杨国忠发动的这两次无为的战争使得唐朝先后损兵折将共20万，大大地损伤了唐朝的兵力。

被杀马嵬　罪有应得

安禄山自认为功高权重，又仗着玄宗的宠爱所以一直对骄横跋扈的杨国忠很瞧不起。杨国忠资历本不如安禄山，虽为相，但深恐安禄山有朝一日权倾天下，压倒自己，便多次向玄宗上奏说安禄山手握众兵，而且暗中还是招兵买马，不得不防。但玄宗听而不闻。天宝十三载正月，杨国忠自作聪明，对玄宗说："陛下不妨召禄山进京，他若存心谋反，必不进京。"可是安禄山见诏后却立即驰京，入谒于华清宫，对玄宗哭诉说："臣本胡人，不识文字，陛下恩重如山，臣忠心图报。今国忠却诬臣，必置臣于死地。"一番惺惺作态，两三下就取得了玄宗的信任，不仅没有了怀疑，反而赏赐万金。玄宗有意让安禄山入朝为相，已起草了诏书。杨国忠深恐失宠，急谏曰："安禄山虽有军功，但目不识丁，岂可为宰相。若诏书下达，恐怕四夷都要轻视朝廷了。"玄宗只得停诏。作为补偿，加安禄山左仆射的官衔，另赐其一子为三品官、一子为四品官。同时，为了平衡杨国忠不满的心理，也给杨国忠进位司空。杨国忠只好暂缄其口。

但是，杨国忠依然没有放弃，他更积极地寻找安禄山反叛的证据。而安禄山自已也不傻，他明白在杨国忠的谗言之下，朝廷终有一天会剿灭自己。所以，他决定先下手为强。天宝十四年(755)，安禄山从范阳起兵，以讨伐杨国忠为名率军南下，一路势如破竹。六月，攻入潼关，长安城危在旦夕。在杨国忠的劝说下，玄宗带着杨贵妃西逃入蜀。

出宫的第二天，六月十三日，玄宗等人行至马嵬驿(今陕西兴平县西)，军士们又饥又困，怨愤四起。将军陈玄礼见时机已到，一面暗中联络太子的宦官，一面召集军士们说："如今天子震荡，社稷不守，百姓肝脑涂地，难道不都是杨国忠所招致的吗？不杀之不足以谢天下，诸公意下如何？"军士们齐答道："我们早就想干了，为此身死，在所不辞！"于是将士们暗暗向杨国忠包围过去。恰逢随行的吐蕃使者一二十人，此时也因饥饿难忍找杨国忠要吃的，两方正在争吵。军士们趁机大呼："杨国忠伙同吐蕃谋反了！"遂一拥而上。杨国忠见势不妙，打马突围，却被箭射中鼻梁。杨国忠刚带伤奔至西驿门内，被众军士追上，无路可逃，刹那间刀剑齐下，顷刻杨国忠便肢体破碎、身首异处，军士们以枪尖挑其脑袋挂于驿门外示众之时，玄宗正在驿内休息，忽然听见外面有喧哗之声，问高力士为何，才知杨国忠被众将士给杀了，不禁大吃一惊。待心情平复，出门表示慰劳军士，并令他们散去归队。但军士们不服从，玄宗入内派高力士调解，高力士回报说："国忠谋反，贵妃不宜侍奉了，愿陛下忍痛割爱。"玄宗沉默良久，终于命高力士处置，遂将杨贵妃引入驿内佛堂中缢杀。随后杨氏姐妹及杨国忠的儿子户部侍郎杨暄等均被杀。杨国忠的妻子及小儿子事发时逃走，后至陈仓被追上，亦被杀。

裴　度

裴度(765－839)，宪宗、穆宗、敬宗、文宗朝宰相。字中立。河东闻喜(今山西闻喜)人。历官中书侍郎、同平章事等职。裴度身历六朝，四次为相，为唐王朝的中兴做了许多贡献。

仕途顺利　为官刚直

裴度(765－839)，字中立，河东闻喜人(今山西闻喜)。出身于普通官宦家庭，祖父裴有邻曾任过汉州濮阳(今河南濮阳)县令，父亲裴溆任过河南府渑池(今河南渑池)县丞。

裴度自幼博学广识，勤奋好学。能诗善文，德宗贞元五年(789)，裴度参加科举考试，中进士，登宏词科，授校书郎。后又应制举贤良方正，因对策优良，得授河阴(今河南郑州)县尉，不久即被提拔为监察御史，其仕途并不像刘晏那般坎坷，而是比较顺利，至宪宗元和九年(814)，他已是当朝的御史中丞了。

裴 度

生于动荡不安、积贫积弱年代的裴度，胸怀经济之策，负济世之才，他对当时藩镇跋扈的局面，痛心疾首，对宦官当权目无朝廷的现状，极度不满。出于对国家的忠诚，他敢于抨击权贵，违抗皇帝旨意。德宗朝时，宣徽院五坊小使等宦官尤为专横，还常常抬出皇帝的招牌来吓唬人。一到秋天收获的季节，因为草料食物丰盛，他们便结伙出来放鹰放犬、敲诈勒索、肆无忌惮、无所不为，连地方官都必须笑迎笑送，多赔小心。他们吃了喝了拿了还多不满意，弄得百姓视之如强盗。更有甚者，他们在百姓的门前和水井上张网，不让人出来打水，说那样会吓着他们养的鸟雀。其仗势欺人简直到了无人能管的地步。下邽(今陕西下邽)县令裴寰早对这帮无赖们痛恨至极，所以当五坊小使来到下邽县时，他只是把他们安排到公馆住下，也没有嘘寒问暖，殷勤伺候，也不送礼送物。这下可彻底地得罪了这帮人，他们回去以后，在宪宗面前告状，说裴寰态度傲慢，说话放肆，宪宗想你对我手下人不尊敬，也就是对我的不尊敬，一个小小的县令胆敢对皇帝不尊敬，以后其他的人还不得造反了，于是下令把裴寰抓了起来，要将其治罪。宰相武元衡等人都加以劝阻，宪宗不听，裴度更是据理力争，说裴寰不仅无罪，反而爱民有功。宪宗大怒道："像你说的这样，如果裴寰无罪，就是惩罚五坊小使了，如果小使无罪，就要惩罚裴寰！"裴度看宪宗仍在气头上，不宜硬来便改变了策略，他和婉地说："当然是陛下说得对，罪在裴寰，不过如此爱护陛下的百姓，使他们不受骚扰，这样的地方官怎么能加罪呢？念在他本意也是为陛下您的百姓着想，请给以赦免。"这下宪宗顿时醒悟，第二天便放了裴寰。

后来，唐文宗大和九年(835)十一月，宰相李训等人诈称大明宫左金吾厅后夜降甘露，想借此引宦官去看，并埋兵诛杀他们，不想事情败露未成，不仅没有剪除宦官势力，反而李训等10余位朝官被族诛，牵连下狱的达几千人，这就是著名的"甘露之变"。事后，裴度上疏力争要求赦免了那些无辜受牵连的人，亦曾保了几十家的人命。

继任宰相　平定淮西

元和九年(814)，淮西节度使吴少阳死，按规定应及时上报朝廷，并由朝廷重新任命新的节度使赴任。但其子吴元济匿丧不报，自领军务，之后还出兵四处，并勾结成都节度使王承宗、淄青节度使李师道对抗朝廷。唐宪宗发十六道兵讨伐，但各路唐军各怀心思，指挥很难统一，多日下来仍无功效。宪宗派裴度去前线慰问，观察形势。裴度归来后，向宪宗详细剖析了"淮西必可取"的战略形势，并向宪宗推荐了将军李光颜，说他必定能够平定叛乱。这坚定了宪宗讨叛的决心。不久，李光颜果然大败淮西军。宪宗得知，称赞裴度有识人之才。

李愬

淮西军溃败后，割据藩镇不仅为自身的地位深感忧虑，同时又对朝中主张消灭藩镇割据的大臣们怀恨在心。他们先是行贿收买，继而公开威胁，但这些都不能达到让朝廷罢兵的目的。于是，他们开始派遣刺客刺杀宰相武元衡和裴度。元和十年六月三日，武元衡于早朝时被害于靖安坊，裴度也在通化坊遇刺受伤。裴度养伤两旬后，又出任中书侍郎、同平章事，继武元衡为宰相。裴度任宰相以后，宪宗把军事力量都交付于他。平定淮西，成了不可推延的任务。裴度坚持贼不可赦，并自告奋勇请求前往淮西督战，表示誓杀淮西叛贼的决心。

元和十二年(817)八月，裴度以门下侍郎、同平章事兼彰义军(淮西镇)节度使、淮西宣慰处置使的身份亲自来到前线堰城。临别辞行，他向宪宗立下了"军令状"："贼灭，则朝天有日；贼在，则归阙无期。"裴度到达前线之后，他不顾个人安危，亲临前沿阵地，观察前线战情。他这种公而忘私的精神深深地感动了前线的战士。在此期间，裴度奏请除去宦官监军，使兵权专归主将，从此军中号令统一，每战皆捷。十月十一日，大将李愬在裴度支持下，雪夜攻克蔡州城(今河南汝南)，活捉淮西军首领吴元济，淮西所属申州(今河南信阳)、光州(今河南潢川)及守兵2万余人相继投降。平定淮西的战争在裴度的坚持下取得了完胜。

安抚诸藩　避免叛乱

平定淮西以后，唐朝自安史之乱以来的藩镇割据局面有所和缓，国家即将统一的时候，宪宗因服药暴毙。此时裴度受排挤离开中央在太原任职，唐穆宗李恒继位。由于新君昏庸无能，任用的宰相几乎都是庸才，因与藩镇关系处理不当，藩镇又开始作乱，刚刚统一的国家又陷于分裂。裴度知大势已去，深为叹惜，他为国家的前途担忧，为人民要重新陷于战争之中担忧，他还是力所能及地在安抚叛军，尽管他心里知道他也无力回天了。

卢龙朱克融、成德王廷凑率先发难，他们包围了中央将领牛元翼驻扎的深州(今河北深县)，裴度凭着昔日的威望和多年处理藩镇事务的经验，给他二人写信，从而解了深州之急，朱、王二人引兵退去。穆宗大喜，又让裴度二次修书，劝王廷凑放了牛元翼及其家属。派驻在深州的宦官回来向穆宗汇报说："皇上您是不是应该封裴度做一个节度使，这样他说起话来是否更有威信些呢？"穆宗便任命裴度为淮南节度使。为中央立了大功，替中央平定藩镇出死力的裴度，竟然会由于藩镇的要挟才得以被中央任命，当时朝廷的腐败可想而知！结果，王廷凑只是放了牛元翼，仍然把他的家属扣留着。牛元翼死后，王廷凑杀了他全家，当朝皇帝竟然不能有丝毫办法。

昭义军监军使刘承偕骄横跋扈，肆意妄为，经常无缘无故地当众羞辱节度使刘悟。三军将士实在无法容忍这等狂妄自大之徒，便把刘承偕抓了起来，要杀他以平众怒。刘悟得知后急忙把刘承偕看管起来，然后向朝廷请示，如何处理此事。穆宗征求裴度的意见，裴度说："我只是一个地方官，中央大事超出了我的职权范围。"穆宗坚持又问，裴度说："刘承偕在昭义早就恶名远扬，昨日刘悟已给我写信解释这件事之始末，我托宦官赵弘亮带给陛下，不知陛下收到没有？"穆宗说："没有。刘悟何不密奏于我，难道我就不能处置吗？"裴度说："刘悟是一武将，不懂朝中的诸多规矩，况且，就算他有密奏呈与皇上，陛下又能拿出什么办法呢？我现在当着您的面说尚且没用，刘悟的一面之词又会有何用呢？"穆宗说："那你说现在应该怎么处置这件事呢？"裴度这才从容说道："陛下如果要四海归心，天下有才之士均为您效力，那就只需下诏言明自己用人不当，致使刘承偕违法乱纪，让刘悟召集三军将士，把刘承偕依法处置，这样才能平息众怒，四方安定。否则您就是把刘悟改官封赏，也不会有任何好处。"穆宗沉思良久，说："刘承偕是太后养子，杀了他，跟太后不好交代吧！"裴度接着说："那就把他充军发配到边远地带。"这次意见被穆宗采纳了。由于裴度的处事方法比较妥帖，一场势在必发的藩镇变乱就这样避免了。

后来，朱克融以朝廷发给的春衣太单薄，质量差，扣留了中央使节杨文端。另一方面，他又主动提出要上贡5000名工匠帮助朝廷修复东都洛阳。敬宗就这两件事征求大臣意见，裴度说："朱克融生性顽劣，成不了气候，即使是一只林中虎，出了树林，也就不能再称王称霸了。况且朱克融还比不上猛虎，他的根基在幽州，一出幽州他就闹不起来了。陛下，现在根本不用管他，既不用派人去宣慰，也别忙着让他放杨文端，只需等过了十几天，发道诏书给他，说：'我前些日派人送衣服给你，到现在还没有消息，到了我会有交代的。给你的衣服可能不够厚实，我正在查问此事，已经让他们追究责任了。'朱克融说出5000人帮助朝廷修复东都洛阳也只是一个借口而已。我料定他不会派人来。陛下如要直接戳穿他的把戏，就可以对他说：'你派的人让他们速速出发，我已让魏博等作好准备，提供给养了。'我想他见陛下这样说，必定不知所措，无从是好。如果陛下不想如此逼迫于他，那么也可说：'修复东都是将作监等部门的事，就不劳烦你费心了；春衣是赏赐品，按常例是没有的，我不是在乎二三十万匹布料，只是依名分不好独独给你们幽州，希望你能体谅上情。'我觉得这样办最好，陛下不必过于忧虑。"敬宗听从了裴度的建议，按照他的第二个建议下了诏书，果真一切都如裴度所料，朱克融发作不起来。不过，此事过后没几天，朱克融及他的两个儿子就被属下给杀了。

宦海沉浮　　两罢两任

宪宗朝中，宦官把持朝政，专横跋扈，目无王法。裴度对此现象，深恶痛绝。当时五坊使杨朝汶强暴专横，放高利贷，拷打欠户，勒索利息，胡乱逼债，逮捕无辜之人，被囚禁者近千人。对杨朝汶这种目无法纪的强暴行为，裴度准备去找宪宗，非要把他理办了不可。可见了宪宗，裴度还没说话，宪宗却对裴度说："我正要和你讨论用兵之事，这种小事由我自己处理。"裴度回答说："用兵是小事，五坊使追捕无辜之人应是大事。兵事不理，只忧局部，而五坊使蛮横强暴，可乱整个朝廷。"无奈之下，宪宗只得赐杨朝汶死罪，因欠债被捕者尽数放出。后来，皇甫镈诬陷裴度，裴度被罢相，只得出镇外地，当了河东节度使。

元和十五年(820)，宪宗死，穆宗即位，年号长庆。为平定再度作乱的藩镇叛军。穆宗再次起用裴度执掌兵权。裴度受命后，立即整顿军队，率领部众讨贼，攻城斩将，屡传捷报。由于宦官和奸佞之臣从中作梗，再加上此战朝廷耗费钱资巨大，最终未能平定卢龙和成德两镇。不久，裴度被罢免兵权，当了东都留守的闲官。

长庆二年(822)，裴度回到京城。在朝见穆宗时，他叙述藩镇暴乱河北，自己讨贼无功，慷慨陈词，泪流满面。在朝文武官员皆为其忠心所感，不禁流出了眼泪。穆宗见裴度为众望所归，就任命裴度为守司空兼门下侍郎、同中书门下平章事，与元稹同朝为相。但二人之间的斗争却愈演愈烈，遂于同年六月，两人同时被罢相，裴度降为右仆射。长庆三年八月，又改任裴度为司空、山南西道节度使。

长庆四年(824)正月，穆宗去世，太子李湛即位，为敬宗。敬宗即位后，韦处厚上书，劝敬宗重用裴度，一些朝臣也多称裴度贤良，如若一直弃置于外地为节度使，实乃大唐王朝之损失。因而敬宗多次遣使至兴元慰问裴度，密示其还朝。宝历二年(826)正月，裴度回到京城，第三次为宰相。

四度入相　　赋闲终老

敬宗少年即位，贪图玩乐之心难戒，并且巡幸无度，又倦于政事。那时，敬宗又想巡游东都，许多大臣为此进行过劝谏，但却丝毫没有改变。裴度只能改变策略，他温和地说："我们国家当时兴建东西二都，原本也是为了巡幸的。只是安史乱后，这件事便停止了。现在东都洛阳的行宫及六军营垒，百官衙门都多已废弃不用，年久失修。如果陛下要巡幸东都，也应事先修整一番。这样也只能在一年半载之后才能议行了。"敬宗到底还是个孩子，他说："群臣只是说不该去，如果像你这样说，朕早就同意了，再说也并非非去不可，何必以后还议呢。"对于年少贪玩，疏于朝政的敬宗，裴度也给予了耐心的规劝："过去陛下每月也有六七次坐朝听政，天下民众无不熟知陛下忧国忧民，勤于政事，即使河朔藩镇也都认为陛下很了不起。但近两个月来，陛下上朝的次数没有以前那样多了，我们有些大事需要陛下您来明断，积压耽搁久了，恐怕天下百姓会说皇上又跑去偷玩了！希望陛下能趁着现在凉快，多上上朝。颐养圣体，关键在于顺应节候。陛下只要合理饮食，正常作息，则必定身体康健，可享万岁高寿。目前正处于盛夏，最好把上朝定在清晨。这样才凉快，对陛下和臣等都有好处。如果等到半晌午，则天热心烦，即使废寝忘食，也难挡汗流浃背，心急心烦，这样也势必议不好事。臣等已经提过此事，切望陛下采纳臣等的建议。"一番话合情合理，敬宗自此以后上朝的次数也逐渐多了起来。

然而，由于敬宗性情暴躁，经常责打宦官，动辄就杀人，引起宦官们的不满。宝历二年(826)十二月，敬宗被宦官谋杀，裴度主持大计，迎立江王李昂登基，是为唐文宗。文宗即位后，朝政仍由宦官把持，即使是皇帝也得听从他们的。裴度想到自己一生耿介而屡次遭人陷害，得罪过不少人。现在年事已高，更不想介入这些争斗之中，遂向文宗上表请求辞去职务。文宗不允，他一面派御医给裴度检查身体，天天派人去探视他，一面派他去襄阳任山南东道节度使及临汉监牧使。唐宪宗元和十四年在襄阳设置了临汉监牧，圈了老百姓的400顷农田，喂了3200匹马以供军用。但后来牧马数日见减少，农田荒芜，非常可惜，裴度便请求废止此事，所圈农田得以归还民众。并请求罢除临汉监牧使一职。

唐文宗大和八年(834)，裴度受任东都留守，回到洛阳，第二年即发生了"甘露之变"，宦官不仅没有被剪除，反倒完全控制了中枢。朝中大臣又拉帮结派，互为朋党，弄得政局一片混乱。裴度此时已无治理国家的打算，便在洛阳结交了许多名士，日日以饮酒赋诗为乐，白居易、刘禹锡等大诗人都是他的座上常客。如此这般地过了几年清闲的日子，但是文宗始终没有忘记他，每有人从洛阳回长安，他都要详细探问裴度的身体和近况，他深知裴度的才能，考虑到他虽然脚上有些病，但身体还行，便于开成二年(837)五月让他去太原任职，裴度推辞说早已年迈，而且身体一日不如一日，文宗又专门派卢弘去洛阳请他，裴度这下不敢再抗旨只好去了。第二年，裴度的身体实在不允许他过

白居易

问政事了，便上表文宗请求回洛阳养病。开成四年正月，裴度回到长安，受封中书令这一荣誉头衔，他因为身体病弱也没亲自向文宗朝谢。

开成四年（839）三月四日，裴度溘然长逝，享年75岁。

李 德 裕

李德裕(787—850)，文宗、武宗两朝宰相。字文饶。赵郡(今河北赵县)人。祖父李栖筠，做过御史大夫；父亲李吉甫为宪宗元和初年宰相。李德裕两度为相，扭转了唐王朝的颓势，一度出现"会昌中兴"的局面。

牛李党争　终遭排挤

赵郡李氏原是河北的名门望族。李德裕的祖父李栖筠早年中了进士，踏上仕途。李德裕的父亲李吉甫没有去参加科举考试，是靠门荫步入仕途的，由于受到了良好的文化教育，他写得一手好文章，后来官至宪宗朝宰相，光耀门庭。

李德裕出身在这样一个名门世家，自幼即胸怀大志，卓尔不群，凭着良好的家庭环境，加上自己的刻苦勤奋，逐渐造就了很高的文学素养。李德裕写得一手好文章，特别是骈文为一时之冠，广为流传。他特别喜欢读史书，尤其对《左传》、《汉书》，具有很深的造诣。他总是喜欢从前人的治国安邦事迹中吸取经验，总结得失。其所作所为都与同代的年轻人有很大的不同。当李吉甫被贬逐的时候，他一直陪在父亲身边，随侍左右，并不急着去追求自己的政治前途。后来，李吉甫否极泰来，荣升宰相，李德裕靠门荫入仕，补授了一个正九品的秘书省校书郎官职。但他希望凭借自己的才能来实现他的政治报负。为了避嫌，他不入朝廷中枢，只是跟着一些朝中大臣当差。唐宪宗元和十一年(816)，张弘靖罢相，出镇太原，把李德裕带去做掌书记。元和十四年(819)，李吉甫去世后，他又跟着张弘靖回朝，被任命为监察御史，从此开始了他经国济世的政治生涯。

唐宪宗元和三年(808)，京城举行了一场科举考试。在直言科应试对策中，牛僧孺、李宗闵等人在文章中对于当时的黑暗时政给予了强烈的抨击，言辞涉及平定藩镇割据、限制宦官权力等重大问题。经主考官杨于陵、韦贯元等的审核，他们认为这几位考生关心国事，且忠正耿直，因此，牛僧孺、李宗闵被擢为上第。这时的宰相是李吉甫，他见到文章以后非常吃惊。李吉甫认为文章言辞过于激切，认为已经不仅仅是单纯的急言直谏的问题了，便到宪宗面前哭诉。结果唐宪宗下诏贬逐了杨于陵和韦贯元，牛僧孺、李宗闵长期得不到重用。

转眼到了穆宗长庆元年(821)，李德裕任翰林学士，李宗闵任中书舍人，这一年又举行了科考，恰巧亦出了问题。当时的主考官是钱徽和杨汝士，放榜以前，朝臣李绅和段文昌去给他们的亲戚们说情，希望能够获取一纸功名。结果出来以后，李、段二人的亲戚却名落孙山。这下他们大为不满，没有达到目的的段文昌便向穆宗告状，说钱徽主持考试有严重的舞弊行为，得选为进士的都是些靠关系进来的不学无术之徒。穆宗为此事征求李德裕的意见，李德裕当然站在同为翰林学士的李绅这边，支持了段文昌的上诉，于是穆宗决定复试。可这次的结果更富有戏剧化。不仅李、段二人所托的人没有中举，就是钱徽所选的也不合格，有一半的进士(10余人)被淘汰了。这下穆宗大怒，对这次参与科举考试有关的人员严加惩处，钱徽被贬为江州(今江西九江)刺史，李宗闵被贬为剑州(今四川剑阁)刺史。从此以后，李德裕和李宗闵、牛僧孺等人结下了很深的积怨。他们便各分朋党，互相倾轧，反反复复斗争了近40年，史家称之为"牛李党争"。以后好几朝，只要是牵扯到重要官员的任免、大政方针的实施等许多事都与这两派的纷争脱不了关系。

钱徽科场案过了仅两年，厄运便降到李德裕头上了。当时他和牛僧孺都是政坛上的两颗新星，都有入主宰相的可能。秉政的李逢吉因与李德裕的父亲李吉甫有旧仇，就提拔了牛僧孺为宰相，同时利用权位将李德裕调为浙西观察使，他怎么也没有想到父亲当年的积怨会使自己在浙西一待就是8年。那还是宪宗朝的事情，元和年间，宪宗力主对藩镇用兵，李吉甫也持此主张，并积极地筹备谋划，但是李逢吉却反对对藩镇用兵。功业未成，李吉甫就去世了，讨伐大业得以在裴度等人的主持下取得了胜利。但是，李逢吉却因双方主张不合而罢官离职了，后来他一上台，就拉拢人和裴度结怨，最终夺去了裴度的相位。他任相时发现李吉甫虽已死，但他的儿子李德裕不仅还在，而且正处于仕途升迁的关键时刻，他怎能放弃这一报仇良机，作为这时已相权在握的他，随便找个借口就能将李德裕排挤到朝廷之外。

出镇浙西　移风易俗

原本浙西就是个烂摊子，这也就是李逢吉之所以让李德裕去浙西的原因。前任浙江观察史在任的时候，曾经竭尽府库所藏赏赐军队士兵，这就给李德裕留下了两个难题：一个是大肆地赏赐使得府库中的银两耗费殆尽；另一个是使军士们任意挥霍，更加放肆无度。李德裕来后，不仅要按期如数向中央纳赋，还要结束这种赏赐无度的做法，同时也要平息因此举而造成的将士们的不满情绪。所以，他只能率先垂范，身体力行，首先从节俭约束自己开始，同时制定了严格的评判标准，真正做到赏勤罚懒，论功行赏。这样，将士们也没有什么可说的了。钱不多，但只要发放得公平，将士们的怨言自然没有了。两年以后，难关不仅顺利渡过，原本空虚的府库也日渐充实起来。

当时的江南一代，特别是浙西地区，远离中原地带，经济、文化都不够发达。社会中存有不少的陈规陋习，特别是封建迷信思想。对此，李德裕进行了多方面的开导，或教育或劝阻或明令禁止，取得了很大成效，对浙西的文化、道德风俗的建设作出了巨大贡献。比如：有的人信巫祝鬼怪，认为人得病是魔鬼附体，出于对鬼神的敬畏，他们都只能坐以待毙，即使是父母疾病缠身，也都放着不管。有鉴于此，李德裕就从这些人中先找了一些相对老成持重，可以听进去话的人，与他们谈心，告诉他们孝敬父母必须患难与共、不能相弃的道理，然后让他们回到乡人中间转达他的意思。同时规定，如有违反，则要依法治罪。经过几年的疏导教化，这种情况改善多了，不仅改变了人们有病不敢医的心理，同时也传播了中原的孝道文化。当时，还有些僧人欺骗民众，说自己有种药，叫"圣水"，喝了之后能强身健体，包治百病。人们以讹传讹，并且越传越神奇，以致大家都想得到这种水。又有人说饮此水后不得再沾荤腥，否则功效全失等等。许多危重病人和年老体弱者病急乱投医，听信了此种传言，不仅耽搁了医治时间，反而戒荤戒肉，连正常的营养都不能跟上，就这样死去了。由于这种水价格不菲，每斗值3000文钱，有些人见有暴利可图，又转手倒卖，更有甚者在取来的水中又添加其他的水或普通的水，互相欺骗，互相传讹，来来往往取水的人每天达几十人乃至上百人。李德裕对此深恶痛绝，他下令严厉强制各渡口、码头以及各交通要道，对此严加制止和防范，有敢不从者一律严加惩处。同时，他禀报皇上说："过去吴国有圣水，宋、齐两朝又有圣火，都是邪恶的兆瑞，连古人都严加禁止、阻绝。现在请皇上下令，严加阻止，以断绝这种荒诞之源。"皇上听从了他的建议，迅速颁诏，这种以坑人害人来牟取暴利的行为才得以制止，病人也开始正常地求医问药了。

此外，李德裕又考察了所属州县管内的祠庙分布状况，对不按规定私自设立的祠庙予以拆毁，共拆毁了1000余所；又拆除了私人为了封山占地而盖的一些违章建筑，共400余座。另外，他还打击流寇盗贼，使百姓都能够安居乐业。通过这一系列的治理，浙西地区的民风民情都有了很大的改善，李德裕亦得到了当地老百姓的称赞。

治理剑南　政绩卓著

唐文宗大和三年(829)，李德裕重新回到朝廷任兵部侍郎。但由于李宗闵掌权的缘故，他在京师还没有待几天，便马上又被派到地方去了。只不过，这次改到剑南西川任节度使，面临的难题比浙西时的大多了。

西川地区南临南诏，西接吐蕃，是边陲重地。李德裕入蜀之时，正值多事之秋，由于南诏的不断侵入，蜀地百姓颠沛流离，生活没有着落，非常困苦。李德裕到镇以后，为了改变这种情况，他亲自进行了实地考察。为了熟悉地形地势，他遍访山川、城邑、道路。

以前，朝廷为了防止南诏的入侵，采取的是"守"，即切断南诏入蜀之路。李德裕经过上述的勘察之后，他彻底改变了以前的作法。他修建筹边楼，把四川西南面和南诏交界的地方以及山河险要关口等地方制成地图，画在楼的左面墙上，同样，把西边和吐蕃交界的地方以及关口要道画在右面墙上，把他们部落的多少、粮食运输的远近等情况都记录下来。要想百战百胜，首先得知己知彼。为了全面了解南诏和吐蕃的情况，他特地召集了一些熟悉对方情况以及边境事务的人，大家一起谋划、商量如何解决西川的边防问题。同时，为了加强战备，他招募了一些能征善战的獠族人和州兵，这些人都适应瘴气环境，熟悉当地情况。"工欲善其事，必先利其器。"李德裕又从四方招来许多能工巧匠，造盔甲的、造弓的、造弩的，这使得四川士兵的武器装备成了全国最好的，非常坚固锋利。同时，他组建了一支军队名为"雄边子弟"，大致上从每200户中抽取一人，让他们习武练兵，宽免他们的其他事务，忙时务农，闲时练兵，战时应战，平时休息，这既不增加百姓负担，又大大增加了部队实力。同时，李德裕又加固、维修了过去的一些防御工事，新建新修了一些坚固的堡垒，占据险要的地形，做到防患于未然。另外，他又改变了往边关运粮的时间，以前许多劳夫死于酷暑和瘴气，就是因为没有考虑到气候及环境的因素。他把十月作为水运的开始时间，这样在夏季到来之前就能把粮食送到各处边关哨所，人夫也不再受盛夏炎热之苦。

通过一系列的治理，蜀地百姓的生活又恢复了安宁。由于李德裕的治边有法，不到3年时间，便政绩卓著，南阻南诏，西拒吐蕃，巩固了边防，生产亦得以恢复。

两度为相　平叛抑佛

太和七年(833)春，李德裕出任宰相，但第二年八月又被贬为镇海节度使。开成五年(840)，文宗去世，武宗即位。武宗认为李德裕才识过人，遂于同年九月召其入朝，李德裕因此二度为相。

当时藩镇割据仍是唐朝中央政府软弱的明显特征。会昌三年(843)，泽潞节度使刘从谏病逝，其侄刘稹密不发丧，自称留后，企图割据一方。武宗与朝臣商议处置办法，大多数朝臣认为回纥余尽未除，如再出兵讨伐刘稹，恐国力不支，主张妥协。李德裕力排众议，认为刘稹所恃不过河朔三镇的援助，只要朝廷派重臣传达圣

唐宣宗

旨给成德节度使王元逵、魏博节度使何弘敬，说朝廷对河北的政策不变，仍允许子孙世袭，并令两镇出兵助讨，则刘稹必破。武宗采纳了李德裕的建议，调集附近诸镇军队，合力攻讨刘稹。不久，刘稹终为部将所杀。李德裕因平叛立功，升为太尉、封卫国公。

中晚唐时期，宦官专政是一大政治问题，可以说是唐王朝的一大毒瘤。李德裕对此早已深恶痛绝，他有意削弱宦官执掌的枢密使的权力，没有通过枢密使便下达关于减少禁军粮饷的诏令，引起大宦官仇士良的愤恨。并扬言减少禁军粮饷，必然会引发军士哗变，仇士良的叫嚣在遭到武宗的怒斥后才停息。会昌四年，武宗以仇士良作恶多端，诏令削其官爵，籍没家财，此举给宦官集团以沉重打击。自德宗以来，将帅出征，宦官任监军已成定例，但李德裕认为宦官干预将帅指挥，军队缺乏统一的指挥将领，是造成作战失败的重要原因，故彻底改变这一定例。如此一来，将帅得以施展谋略，累战有功。

早在浙西任内，李德裕即以抑止佛教闻名；任宰相后，他以佛教损害伦理和国计民生为由，反佛更加激烈。会昌五年，武宗接受李德裕建议，决定禁佛。下令清查天下寺院及僧侣人数，其拆毁寺院4万余所，迫令僧尼还俗26万人左右，解放奴婢15万人，收良田数千万顷。政府从此次禁佛活动中得到大量财物、土地和纳税户。

李德裕整顿吏治也大刀阔斧。会昌四年，他因州县官吏太多太滥，主张精兵简政，裁减冗员，罢吏2000余人。这一举措不仅使政府的办事效率得以提高，同时也省了大量的俸禄费用。

无疑，李德裕在武宗的信任下，为大唐王朝的振兴做出了巨大的努力与贡献，确实是一位相当有作为的宰相。但他行使职权时独断专行、排斥异己的作风，不仅为牛党所恨，也为宦官所不容。

会昌六年(846)武宗去世，宣宗即位。宣宗一向讨厌李德裕独断专行，即位后贬其为东都(洛阳)留守，并将李党从朝廷纷纷逐出，又将牛党白敏中、崔铉等人召入为相，牛党首领牛僧孺也返朝为官。不久，李德裕由东都留守贬为潮州(今属广东)司马，再贬为崖州(今海南岛琼山东南)司户。

大中三年(850)十二月十日，李德裕病逝于天涯海角的崖州。长达40余年的牛李党争至此结果。

赵　普

赵普(922－992)，太祖、太宗朝宰相。字则平。幽州蓟县(今属天津)人。赵普是北宋功勋卓著的开国元勋，谋划了陈桥兵变，帮助宋太祖建立了大宋王朝；参与制定"先南后北"战略，使北宋基本实现统一；他倡导强干弱枝政策，使专制主义的中央集权空前加强。

托迹诸侯　筹划兵变

赵普生于梁末帝龙德二年，当时国家动乱，群雄蜂起，各自割据为政。当时，石敬瑭为讨得契丹的欢心，将幽云十六州献给了"父皇"契丹国主耶律德光。赵普的父亲赵迥不愿意生活在异族统治之下，就率领家族迁往河北常山(今河北正定)，这一年赵普15岁。

在常山，赵普一家居住了6年多的时间。正是在这里，沉默寡言的赵普娶了镇阳豪族魏氏的女儿，组建了自己的家庭。常山后来被赵普的后代看作是"祖乡"，并立庙于此。6年后，驻常山的节度使安重荣起兵反晋，战乱再起，21岁的赵普和妻子只好跟随父亲又举家迁到河南洛阳。

五代是一个重武轻文的时代，文人最多也只是投奔武人的帐下做一名幕僚。赵普走的也是这条路。大约从移居洛阳开始，赵普开始了他的从军入幕生涯，从此"托迹诸侯十五年"，这段时间，赵普曾一度客居长安。唐代帝陵在五代战乱时期被军阀挖掘了，在长安赵普访求到唐太宗的遗骨，重新安葬到昭陵下。

后周显德元年(954)七月，周世宗柴荣手下的亲信将领刘词被任命为永兴军节度使，驻守长安，赵普也是在这个时候被任为从事，进入刘词的幕府。

次年十二月，刘词去世，遗表将赵普、王仁赡推荐给周世宗。结果到了洛阳之后，王仁赡投奔了年轻的禁军将领赵匡胤，而赵普未有归处，就暂时失业了。

显德三年(956)春，周世宗亲征南唐。滁州地势险要，为历代兵家必争之地。周世宗特命禁军统帅殿前都虞候赵匡胤率部强攻，占领滁州。宰相范质根据刘词的推荐，任命赵普为新得滁州的军事判官，在这里他初次见到了

赵　普

赵匡胤。赵匡胤的父亲赵弘殷在滁州病重，赵普朝夕侍奉，非常尽心，赵弘殷非常感谢。当时捕获了盗匪百余人，在斩首盗匪时，赵普怀疑其中有无辜之人，经细心考察确如其所料，遂救了不少无辜性命。因此，赵普的才智受到了赵匡胤的赏识。

赵匡胤因为滁州的战功擢升为匡国军节度使，后又被任命为殿前都点检，成为后周最年轻有为的将领。这个职务是总领禁军和统帅出征诸军的最高指挥官，是军队的最高权力机构。由此可见，周世宗柴荣对赵匡胤的信任。后来赵匡胤领同州节度使，赵普被任为推官，开始进入了赵匡胤的幕府。显德六年(959)七月，赵匡胤移镇宋州，赵普做了掌书记。掌书记通常是武将幕府中最重要的幕僚，此前后梁的敬翔、后晋的桑维翰都是从掌书记做到了宰相。做了掌书记，赵普实际上等于已经成了赵匡胤幕府中的中坚人物。

显德六年(959)六月，周世宗柴荣去世，年仅7岁的儿子柴宗训即位，但主弱君轻之势已成事实，这种情势给握有禁军大权的赵匡胤无疑是提供了很好的机会。显德七年(960)正月初一，朝廷得到契丹勾结北汉大举进犯中原的消息。当朝的宰相范质、王溥未察虚实，便决定派已升任殿前都点检的赵匡胤率军出征。

正月初三，赵匡胤整军出发，当晚宿营在开封东北的陈桥驿。安营之后，军中将士开始议论纷纷，军心思变。第二天黎明，拥立之声震荡原野，赵匡胤在酒醉酣睡中猛醒。赵普和赵匡胤的弟弟赵匡义已带领武装将领破门而入，对赵匡胤说："诸将无主，愿立点检为天子。"并不由分说便把象征皇位的黄袍披在赵匡胤身上，大家跪在地上叩拜，高呼万岁。这就是历史上著名的"陈桥兵变、黄袍加身"的故事。军队返回京城后，后周在朝百官见大势已去，无可奈何之下只能承认了现实，以宰相王溥、范质为首的百官跪拜臣服。

就这样，赵匡胤成为宋朝的开国皇帝，而直接参与策划、指挥这一兵变的赵普也理所应当地成了开国元勋。赵匡胤取代后周后，国号为宋，即宋太祖，改元隆勋。赵普因拥立有功，迁升为右谏议大夫、枢密直学士。

杯酒释权　立国以法

唐代晚期，藩镇割据严重，原因是由于节度使兵权太盛所致。赵匡胤亲眼目睹了这些事情，也由此当上了皇帝。为了避免前车之鉴，他便想方设法削除一些将领的兵权。

有一次，太祖亲自召见赵普，有意问他道："天下自唐末以来，朝代频繁更替，战乱不止，百姓生灵涂炭。现在停息干戈，要为国家做长远的打算，我们该如何去做呢？"赵普答道："向来方镇的权力太重，所以导致天下不安。现在应该削夺其权，制其钱谷，收其精兵。这样天下自然就会安定。"听了赵普的话后，宋太祖彻底觉悟，在一次军功宴上，他亲自款待为自己建功立业的贤臣良将，"杯酒释兵权"，解除了石守信等人统领禁军的职务，并命令他们去做节度使，享受国家俸禄。

赵普推行"防弊之政"，意在中央集权，除了将兵权收回之外，还采取了许多措施，用此来钳制中央官吏和地方各州长官掌管的军政、财政大权。

在中央朝廷当中，赵匡胤根据赵普的建议，设置了参知政事，并分散了宰相的权力，让枢密使与宰相分别掌管文武百官，分别奏事，皇帝能够从中了解到实际情况；又

宋太祖赵匡胤

以盐铁、户部、度支三司分割宰相大权，使宰相只能做一些表面工作。中央的军权集中归于枢密院，但兵权却归殿前都指挥使、侍卫马军都指挥使、侍卫步军都指挥使三衙。在此之后，赵普进一步建议宋太祖"遣使分诣诸道，征丁壮籍各送京师"。

赵普还认为：节度使直接向老百姓征收赋税是五代时造成地方割据的主要原因之一。在赵普的提议下，宋太祖于建国第二年就委派中央官吏到各节镇监理税收，又置转运使，凡是地方上交的财物都要由转运使调遣，财权皆归中央。

从此，全国的军、政、财大权全部归于中央，改变了多年以来地方势力权重并得以割据的臣强君弱的局面。

违旨背禁　失信罢相

太祖在平定南汉之后，一日来赵普家闲坐，却正赶上吴越王钱俶送书信给赵普，同时送来的还有十几瓶海产，就放在廊屋之下。忽然听说皇上驾到，赵普仓猝出迎，还来不及将海产收藏起来。太祖进来看见，问是何物。赵普不敢欺君，只有据实奏对。太祖很高兴地说："海产一定不错，不妨一尝！"赵普战战兢兢地打开，这下可吓了一跳，里面哪里是什么海产，分明是黄灿灿的瓜子金。赵普顿时紧张得气都不敢出一口，他解释说："臣还没有打开书信，实不知情。"

太祖由此事又联想起李煜送银之事，心中很不高兴。他明白自己当上皇帝赵普功不可没，但是对玩弄自己的臣子，他特别地讨厌，尤其要防着那些打算暗中夺权的人。一方面他感激赵普，同时深忌赵普。作为任何一个皇帝，都不希望自己的臣子比自己还聪明，他只需要他们的绝对效忠。宋太祖多次微服出行，巡访臣子之家的目的，并不仅仅只是一种亲密的表示，事实上是为了监视臣下。对赵普也不例外。结果赵丞相这次碰上这么一个说不清的事情，算是触了霉运。

太祖听了他的解释，没有多说什么，只是随便感叹道："你不妨就收了它。看他的来意，大概以为国家大事，全都由你们书生做主了，所以格外厚赠呢。"说完便走了。赵普匆匆送出，懊悔了好几天。后来看到太祖仍像以前那样对待他，才放下心来。

所谓"福无双至，祸不单行"。真是一波未平一波又起。赵普准备修建住宅，派亲吏到秦陇一带采购大号木料。亲吏将这些木料联成大型排筏，放流至汴京。为了牟取暴利，亲吏趁此机会便多购了一些，以图在城中销售。了解情况的百姓，凑在一起议论纷纷。有司得知此事，一查方知秦陇一带的大号木料，已有诏书明令禁止私人贩运。赵普以权谋私，已是违旨；贩卖牟利，更是不法。当即将详情奏知太祖。

有了上次的瓜子金事件，太祖已对赵普有所防范，如今又见他违旨贩木，明明是玩弄自己，把自己不放在眼里。不禁怒从中来，但仍然忍着没发作，口中只说道："他还贪得无厌么？"接着就命翰林学士拟定草诏，打算即日罢免赵普。多亏了前丞相王溥竭力规劝，才留诏未发。谁知道时隔不久，太祖又发现赵普的儿子丞宗娶枢密使李崇矩的女儿为妻，违背了朝廷为防止臣子权势过大而威胁皇帝，不准宰辅大臣间通婚的禁令。同时，翰林学士卢多逊及雷有邻，又揭发赵普受贿，包庇抗拒皇命不去赴任的外籍官员。这更是欺君罔上。接着，嫉贤妒能的卢多逊在太祖召问时，又谈及赵普学问不足、排挤窦仪之事。

多方的指责与控告，以及自身的诸多过错加杂在一起，使得太祖完全失去了对赵普的信任，但是他冷静一想，赵普毕竟不同别人，他不仅推举自己登上了皇帝宝座，更帮助自己逐步巩固帝位，可谓功不可没，朝中他人，无人能及，因此便没有下诏罢免，而是故意疏远他，使他自省，以免伤了和气。然而事情发展到这步田地，赵普只得请求罢免自己。开宝六年(973)八月，太祖下了诏书，调赵普外出为河阳三城节度使。卢多逊被擢升为参知政事。

两朝重臣　三任宰相

开宝九年(976)，宋太祖去世后，他的弟弟赵光义继位，是为宋太宗，改元太平兴国。

太平兴国二年(977)，宋太宗诏令赵普入朝，改任太子少保，迁太子太保，留在京都供职。在留京师的开始几年，由于宰相卢多逊的诋毁，宋太宗对赵普仍怀有猜疑之心，使得赵普一直没能入相。后来赵普冲破卢多逊的障碍，积极支持宋太宗对秦王廷美(太宗弟)的斗争，才使得宋太宗赵光义对赵普有所信任。太平兴国六年(981)九月，赵普被任命为司徒、兼侍中，又出任宰相。然而这次没过多长时间，于太平兴国八年(983)十月赵普又被免去宰相职务，出任武胜节度使。以后开封尹陈王元僖上疏太宗，推荐赵普再次入相。端拱元年(988)二月赵普再任兼侍中，淳化元年(990)正月，赵普自己主动要求免去宰相职务，以太保兼中书令充西京留守、河南尹。以后封为梁国公，又改为许国公。

淳化二年(991年)，赵普已年届花甲，身体也一日不如一日，于是让留守通判刘昌言奉表到京，请求辞去官职。太宗闻讯，立即派中使前来抚问，授赵普太师之衔，封魏国公，并给以宰相的俸禄，同时嘱咐赵普好好养病，等病好之后还要委以重任。

宋太宗赵光义

赵普一听，皇上如此厚爱，顿时感动不已，辞官的事情也不再提，又投身到繁重的公务里去。但是，死亡并没有放过这位年迈体弱的老臣。淳化三年(992)七月，赵普因病去世，享年71岁。宋仁宗闻此噩耗，下令辍朝五日，追赠其为尚书令，追封真定王，谥忠献。

寇　准

寇准(961－1023)，太宗朝任副相，真宗朝任宰相。字平仲。华州下邽(今陕西渭南北)人。其父寇相曾封三国公。寇准一生胸怀大志，却屡进屡退。他为官清正廉明，政绩卓著，性情豪爽，喜爱歌舞，有"寇莱公，柘枝颠"之称。

心在从戎　科举高第

寇准，华州下邽(今陕西渭南北)人，北宋建立后的第二年，即建隆二年(961)生于大名府。他一生下来就显得与众不同：他的两耳垂生有肉环，好几年之后才合上。为此，许多人都怀疑他前世可能是僧人，同时他本人亦好游佛寺，经常与僧人往来。

寇准的父亲寇湘博古嗜学，以文章出名，早在后晋开运年间就高中进士。这在五代那个重武轻文的时代，是非常了不起的，能够考中进士的读书人每年只有十几人。所以，可谓是名闻乡里。不过寇准少年时显然并不像他的父亲那样嗜学，那时的他比较贪玩，喜欢与朋友们一起结伴出游，虚度时日，直到有一件事情发生。有一天，寇准严厉的母亲再也忍受不了儿子的放荡，抓起身边的秤锤打向寇准，结果重重地击中寇准的脚部，鲜血顿时涌出。正是从这一次事件之后，寇准开始折节向学。寇准后来富贵，一看到脚部的伤疤，想起去世的母亲，便忍不住失声痛哭。那时，寇准心中的楷模是投笔从戎、立功异域的班超。屈事文墨非其本意，他更看不起有些人为了求取功名利禄，而专作一些讨好皇帝、歌功颂德的文章。

太平兴国五年(980)，19岁的寇准首次参加进士科考试，不仅考中进士甲科，同时亦取得了参加宋太宗殿试的资格。据说：当时太宗喜欢老成持重的中年人，年纪太轻的考生往往不被录取，在亲临殿试考试的时候，因此曾有人劝寇准虚报年龄，寇准正色回答道："寇准刚刚开始进取，怎么能欺骗圣上呢？"如实申报，结果寇准一举高中被授为大理寺评事，实任大名府成安县知府。寇准这一榜共取了121人，其中有好多人后来都成为一时名臣，宰相就出了好几位，因而后人称这一榜进士为"龙虎榜"。

寇准

渐入仕途　屡有功绩

太平兴国六年(981)，寇准任归州巴东(今四川奉节县东)知县。初到巴东之时，人们对这个看起来年纪轻轻，一脸稚气的县官都不怎么信任。可是不久，人们就发现原来自己错了，这个新知县不仅不傻，反而很有才干。当时许多地方官，常常巧立名目，随意摊派，有时遇到赋役，就胡乱签发文书，不管农忙农闲，催逼四乡农民赶紧服役，百姓叫苦连天。寇准却有自己独特的方法，他根据各乡的具体情况，在需要农民服役的时候，只把各乡应服役的人数贴在县衙门前，农民看了，自会根据各乡实际情况派人来服役。这样不仅不会误了农事，也不会违抗朝廷的意旨，人们对此拍手称赞。

后来，寇准转任了好几个地方的地方官，所到之处，百姓都夹道相迎。由于政绩卓著，短短几年屡屡升迁。没多久，寇准就被提拔到中央朝廷任职。他先后担任过三司度支推官、盐铁判官、同知枢密院事、参知政事等重要官职。任同知枢密院事时，他年仅31岁，此官是一个相当于副宰相的军职。

一次，寇准上朝奏事，说话不称皇帝的心意，太宗大怒，拂衣而起，准备退朝。但寇准却毫不心慌，平心静气地扯住太宗的衣角，一定要他坐下听完陈述，最后终于说服了太宗。太宗息怒以后，细细思量寇准的忠直言行，顿时觉得钦佩不已。后来，他对群臣说："我得到寇准，就像唐太宗得到魏徵一样。"

寇准不畏权贵，直言极谏，很受太宗的赏识，亦为此而深受太宗的信任。同时，也引起一帮人的嫉妒。知枢密院事张逊多次在朝中与寇准争论政事，二人关系非常紧张。张逊一直想寻个时机惩治一下寇准，可惜机会难觅，谁让寇准为人正直，且廉洁奉公呢？一次，寇准出行时，一个疯子迎着他的坐骑直呼万岁，张逊听说后，立刻觉得此乃天赐良机，不容错失，以谋反罪弹劾寇准。寇准气愤至极，在朝廷中和张逊发生了激烈的争执，二人唇枪舌剑，后来居然互相指责对方的缺点，进行人身攻击。太宗大怒，怒斥了心胸狭小的张逊，寇准也被罢为青州知州。

太宗晚年身体欠佳，朝中有人劝他早立太子，他却勃然大怒，把上奏之人贬到岭南。实际上，太宗一直在为立太子之事而烦心不已，主要原因是太宗儿子虽多，但品学兼优、德才兼备的却无几人，况且身边又没有一个可以完全信得过，并可以托付大事的肱股之臣，所以立太子之事一直悬而未决。寇准从青州被召回身边后，太宗觉得这位耿直果敢的年轻大臣对大宋王朝一片赤心，是最可信赖的，他就把寇准叫到身边，询问他立储之事。寇准说："陛下为天下选择君主，这样重大的事，不能跟妇人、宦官商量，也不能跟近臣商量，只能由您挑选一个最受天下人敬仰的人。"太宗听罢，低头想了很久，然后屏退左右对寇准说："立襄王元侃怎么样？"寇准以"知子莫若父"的说法委婉地表达了自己的看法。淳代元年(994)九月，寇准拜为参知政事，任襄王元侃为开封府尹，改封寿王，立为皇太子。太子到太庙拜谒祖先回来，京城的百姓都聚集在道路上观看，十分高兴，对年轻的太子称赞不已。太宗听说后心里不太高兴，马上召见寇准，对他说："人心怎么变得这么快，那将我摆在什么地方呢？"寇准却祝贺道："这正是国家社稷的福分啊！"太宗听后恍然大悟，高兴地邀请寇准陪他痛饮几杯，结果喝了个酩酊大醉。

宋太宗至道三年(997)，太宗驾崩，宋真宗继位。在此之前，寇准又因在朝廷上和大臣们争得面红耳赤而触怒了太宗，被贬往邓州做知州。

力主伐辽　澶渊之盟

宋真宗赵恒即位后，寇准被调入京，任工部侍郎。咸平六年(1003)，迁兵部，为三司使。景德元年(1004)为参知政事，后来宰相毕士安又以"忠诚可嘉，资历深厚，善断大事"为由向真宗举荐寇准为相，八月，寇准被任命为宰相，与毕士安同朝辅政，二人志同道合，互相弥补。每次寇准因刚正不阿、嫉恶如仇的性格而遭奸佞小人诬陷时，毕士安便挺身而出，极力辩护，才得以免受宋真宗怀疑。二人携手忘身为国，打击奸邪，使朝政相安无事。

此期间，北方契丹族建立了辽政权，并时常对大宋边境进行骚扰，当地百姓苦不堪言，朝廷亦为此头痛不已。

景德元年(1004)十一月，辽国萧太后、辽圣宗亲自率领20万辽军，进犯贝（今河北清河）、魏（今河北大名）诸州，包围了瀛州（今河北河间），兵锋直指黄河北岸的澶州（今河南濮阳），直逼京城汴京。告急文书传到京城，朝野上下惊惶恐惧。很多人主张朝廷南迁避敌，然寇准极力反对，他认为天子南迁避难，必定会引起前方军心不稳，一旦军心动摇，此战必败，到时后果不堪设想。因此他力主天子御驾亲征。十二月，真宗在寇准等大臣的陪同下，率大军北上伐辽。到达澶州北城后，真宗登上城楼检阅河北军民。边疆将士和百姓望见御盖踊跃欢呼，无不精神大振，一鼓作气击退辽军，杀死辽国的大将萧挞览，重挫辽军锐气，宋军备受鼓舞。

　　由于孤军深入，粮草供给不继，再加之战场上节节失利，使得萧太后不敢久陷中原战场。景德元年十二月，在她与大丞相耶律隆运商议后，秘密派使臣来澶州北城，准备议和。宋真宗本来就想速速结束这场战争，议和正是他求之不得的事情。他对辽方提出的土地要求给予回绝，但同意纳币。然而寇准不仅反对议和，而且还主张乘胜追击。但宋真宗却坚持议和，于是派亲信曹利用出使辽营，并授意只要辽方退兵，每年可赠百万金银布帛。寇准万般无奈，只能同意讲和，他把曹利用召至帐下，严厉地叮嘱他说："虽然皇上说赠百万，但你去交涉，所谈银两不得超过30万；否则，回来后我砍你的头！"曹利用不敢违背，到辽营严辞力争，最后以每年交给辽国银10万两、绢20万匹的条件成约而还，双方约为兄弟盟国，辽国撤兵北归。这就是历史上著名的"澶渊之盟"。

宦海沉浮　客死他乡

　　击退辽国，促成澶渊之盟的伟大胜利，寇准之功，首屈一指，有时就连他自己也不免有些飘飘然了。在澶渊主持军事的时候，寇准有时候会违反真宗旨意，为此他向真宗解释说："如果我当时尽遵圣旨，和议之事又怎能如此速成呢。"甚至就连真宗自己也对寇准是另眼相看，经常在退朝的时候还要目送寇准离去。这一切都使朝中的奸佞小人怀恨在心。特别是佞臣王钦若，在劝真宗避难金陵遭寇准痛斥后，他一直对寇准心存忌恨。

　　景德三年（1006）的一天，真宗会见文武百官。朝散寇准先行退班，在真宗目送寇准离去后，王钦若进言道："陛下如此敬重寇准，是因为他有安社稷的功劳吗？"真宗回答道："是啊。"王钦若道："澶渊之役，陛下不以为耻，反谓寇准有社稷功，臣实在没想到陛下会这样想。"真宗大为惊愕，王钦若继续说道："城下之盟，即使春秋时期的小国都耻而不为，现在陛下以万乘之尊而为澶

宋真宗赵恒

渊城下之盟，还有比这个更令人感到耻辱的吗！"这一句说得真宗脸色大变，现出羞怒之色。王钦若又继续火上浇油地说道："陛下听说过赌钱吧，赌徒要输光的时候，就会尽其所有下注，这叫做孤注。陛下您就是寇准的孤注啊。这可是很危险的，他哪里有什么爱君之心啊。"真宗当初本来就对亲征不满，现在听王钦若这一说越想越觉得有道理，从此之后就越来越疏远寇准了。

寇准在用人方面，一向只注重才德，只要是人才，他都能做到不拘一格。一次在除授官员的时候，同僚就让吏员拿官吏名册来，打算依次晋升。寇准道："宰相就是要进贤退不肖，如果按照例簿授官，那还要宰相干什么。"寇准的这种做法不是没有道理，但真宗却认为寇准这是在以公谋私，拿国家的官爵为自己收买名声，于是在景德三年二月罢免了寇准的宰相职务，出知陕州。

在罢相8年后，大中祥符七年(1014)六月，枢密使王钦若、陈尧叟终因罪恶昭彰被罢免。寇准得到王旦的推荐，再入京师，做了枢密使。然而寇准因为与中书、枢密院、三司等三大机构统统合不来，即使宰相王旦极力宽容寇准平日对自己的挑剔、顶撞，但这一次他也无能为力。所以，在大中祥符八年(1015)四月，寇准在担任了10个月的枢密使之后被罢免，出外做了地方官。4年之后，寇准东山再起，而这一次靠的是进天书。

天禧三年三月，寇准上奏自己的属下在乾佑山中发现天书。关于这件事史料记载的是：寇准原本不愿意上奏，但得到了来自上头的指示，因为寇准的威望高，他上奏，可信度就高了，这就好像当初真宗要借助于王旦的威望才能够顺利地举行天书封禅之事一样。也有的记载说是寇准本就有东山再起之意，苦于没有门径，所谓的天书发现之后，寇准就将它奏进，作为重新入相的台阶。但不论怎样，现在我们可以确定的是寇准明知天书是伪造的，还是奏进了，然后也的确凭借这次奏进天书得以再次入相。

寇准这次做宰相，他的副手是丁谓。丁谓是助成真宗天书封禅的重要人物之一。丁谓因为寇准的推荐而渐渐得到重用，因此一直对寇准充满敬意，并心怀感恩。有一次宰辅们聚餐，寇准的胡须上沾上了菜汤，丁谓看到后，就站起来很仔细地给寇准擦干净。寇准笑道："参政(副宰相)是国家大臣，怎么能为长官拂须呢？"话中的意思就是说丁谓溜须拍马。此言一出，丁谓给弄得当场下不了台，从此对寇准怀恨在心。

天禧四年(1020)，宋真宗得了风疾，刘皇后把持朝政。丁谓、曹利用一派趁机依附刘氏，并结纳翰林学士钱惟演为朋党，气焰嚣张。寇准为此深感担忧，劝真宗传位太子，并选正直振奋之臣辅佐朝政，同时罢免丁谓等人。岂料事情泄露，刘皇后先行动手，在宋真宗面前诬告寇准要挟太子夺朝廷大权，真宗罢免寇准宰相职务，降为太子太傅，封莱国公。此后，丁谓等人又多次栽赃诬陷，真宗又把寇准逐出京城，贬为相州知州。丁谓又擅自做主，将寇准迁为道州司马，后一贬再贬，于乾兴元年(1022)放逐到雷州任司户参军。

被远放于南国边境的寇准，举目无亲，人生地疏，连一个住的地方都没有。但寇准早已威名远播，当地百姓敬他功高德厚，都以自己的房屋相让。但可恶的丁谓却不放弃对寇准的打击报复，不仅派人毁其居舍，还严惩了这些善良的百姓。从此寇准无房无舍，只好带家眷搬到荒郊野外的天宁寺，生活贫寒凄清。同年七月，丁谓因故被贬崖州，寇准才又迁回郡城桂花坊居住。由于身心受到极大摧残，寇准病倒在寓所中。天圣元年(1023)，63岁的寇准在雷州去世。

范 仲 淹

范仲淹(989－1052)，仁宗朝宰相。字希文。祖先是邠州(今陕西彬县)人，后迁到江苏吴县(今属江苏)定居。范仲淹一生刚毅清白，不畏权贵，并以杰出的政治、军事才能，为北宋改革弊政，维护国家的完整、统一作出了巨大贡献。他的诗文忧国忧民，多为咏物言志的作品，表现了他的政治追求。

不计得失 以国为重

端拱二年(989)，范仲淹出生在徐州，父亲范墉在宋太宗端拱初年做过武宁军(今徐州)节度掌书记。范仲淹两岁时父亲去世，家境便开始衰落，以至无法维持生活，母亲谢氏不得不带着范仲淹改嫁到淄州长山(今山东邹平县)姓朱的家里。从此，范仲淹改名朱说。

范仲淹自小就勤奋好学，颇有抱负。21岁时求学于淄州长白山麓醴泉寺，寒寺孤身，条件非常艰苦，每天以粥和咸菜度日，把所有的时间和精力全用在读书上，学业进步很快。23岁时，得知现任的父亲不是自己的生父，原来是母亲当年为生活所迫改嫁到了朱家，所以，毅然辞别母亲，离开朱家，去南京(今河南商丘)应天府书院求学。

应天府书院是当时最著名的书院之一，学习气氛非常浓厚。范仲淹进入书院以后，不分昼夜地刻苦攻读。有一次真宗朝拜亳州太清宫时路过南京，同学们都争着出去看皇帝，而范仲淹不为所动，仍然全神贯注地闭门读书。在书院读书时，由于范仲淹的生活特别艰苦，所以只能以粥度日，他的一位同学深表同情，给他带来一些好的饭菜，他却婉言谢绝，说自己安于食粥已很久了，今天享受这样的丰盛饭菜，就怕以后吃不下粥了。范仲淹忍受着别人不能忍受的穷苦生活，以读书作为最高的乐趣。经过5年的寒窗苦读，范仲淹已经是饱读诗书、精通六经、善诗能文，有志于匡正天下的的报国栋梁。

大中祥符八年(1015)，范仲淹27岁，他以其渊博的学识，一举及第。授广德军司理参军，从此范仲淹开始走上仕途。不久改任为集庆军节度推官。做官之后，范仲淹将老母亲由朱家接出自己来赡养，同时又改回了自己的姓，取名范仲淹。

范仲淹

真宗天禧五年(1021)，范仲淹又被调任泰州西溪镇盐仓做盐税官，两年后，晋升为大理寺丞。这时，他因母亲病逝而离职服丧。第二年，晏殊主管应天府事务，听说范仲淹学识广博，便请他主持应天府堂学院。范仲淹在这里讲授艺文，很受欢迎，再加上他作风勤劳恭谨，在当时很有威望，因此四方求学之士纷纷而至。天圣六年(1028)，晏殊又推荐他为秘阁校理，荣任馆职。

乾兴元年(1022)真宗去世，仁宗即位，因年幼不能处理朝政，便由刘太后垂帘决事，独揽大权。到了天圣七年(1029)，仁宗已经20岁了，完全具备了亲政的能力，但刘太后却依然没有还政的意思，并且还准备在这一年的61岁寿辰接受朝拜大礼时，由仁宗亲率文武百官为刘太后上寿。对此，范仲淹专门给仁宗上疏，表达他自己对于这件事的看法。他说：皇帝在宫中事亲，行家人礼可以；但在朝廷上，皇帝率领百官朝拜太后，不仅有损君主的威严，而且还有害于国君的体面，确实是不妥当。范仲淹坚持维护皇帝至高无上的地位，反对刘太后唯我至尊，独揽大权。因此他又上书奏请皇太后撤帘还政于仁宗。

仁宗明道二年(1033)，刘太后死去，范仲淹被召回京担任了右司谏。

仁宗亲政后，吕夷简继续为相，当时任右司谏的范仲淹对吕夷简擅权专事、玩弄权术、结朋党、排异己的做法就深为不满，在郭皇后的废立问题上就曾和吕夷简展开过斗争。吕夷简因与郭皇后有过私怨，便利用郭皇后失宠于仁宗的机会，积极怂恿仁宗废掉郭皇后。范仲淹上疏认为不能这样做，但废后一事已成定议，吕夷简并命令下属不得接受有关此事的奏疏，范仲淹见状便率领御史和谏官到垂拱殿门前，伏奏皇后不当废。第二日又和吕夷简发生了激烈的争论。然而，就在范仲淹等人到待漏院时，皇帝就传下诏旨，贬范仲淹知睦州。

景祐二年(1035)，范仲淹被召回，任尚书礼部员外郎、天章阁待制。

吕夷简知道范仲淹这次还朝，必定还要对朝政进行谏议，便叫他去做权知开封府事。京城开封府是最难治理的地方，这样可使他事务缠身，无暇议论朝政，只要他一有失误，立即免职除官。但范仲淹到开封府后，整治有方，兴革有序，只用了个把月就把京城治理得井井有条。

吕夷简当宰相，重用和提拔的官员多是自己的亲信，因而吏治腐败而混乱。范仲淹对此深怀不满。景祐三年(1036)，范仲淹绘制了一幅《百官图》，进献给仁宗。

图中指明京官晋升情况，哪些朝官是按规定正当晋升的，哪些是不合规定以私人关系提升的，认为此情不可不察！范仲淹还提出：对于皇帝身边的近臣，无论是提拔还是斥退，凡是超过制度规定的，不宜全部委托宰相。并说，恐怕今日朝中有坏陛下家法的人，不可不早办。范仲淹的揭露这样无情，使吕夷简大为恼恨，便向仁宗控告范仲淹越职言事、荐引朋党、离间君臣。范仲淹对吕夷简加给他的罪名，虽然据理力辩，但仁宗还是偏听了吕夷简的诬蔑，把范仲淹贬出知饶州。然而范仲淹的才干和胆识却深得朝中一些大臣的赞赏，因此范仲淹这次被贬，在朝中引起了强烈反响。密书丞余靖、太子中允尹洙、馆阁校勘欧阳修等都纷纷挺身而出，为其鸣不平。亲朋好友这次在郊外为他钱行时祝贺道："此行特别光荣。"范仲淹笑回答说："仲淹前后已经光荣三次了。"以后他又徙知润州、越州。

明道二年(1033)，江南路、淮南路和东京路的许多地区发生了严重虫灾和旱灾，范仲淹奏请朝廷，要求给各地派使臣去视察灾情，以便解决随时发生的问题。但朝廷许久没有答复。范仲淹对朝廷这种置百姓生死于不顾的行为极为愤慨，他质问道："宫中如果有半天吃不上饭，陛下会作何感想？如今几个州县没有饭吃，怎么可以置之不理！"这几句话触动了仁宗，便派范仲淹到灾区去治理灾情。范仲淹所到之处，开仓赈济灾民，使那些因灾荒而流离失所、朝不保夕的百姓得以生存，并开始有信心战胜这场自然灾害。同时，为了使民生快速地恢复，他还奏请朝廷减免灾区一部分赋税。他回到朝廷时，把饥民所食的乌昧草进献给仁宗，使仁宗体察民间疾苦，力戒奢侈之心。

守备边疆　巩固边防

仁宗宝元元年(1038)十月，西夏党项族首领元昊自立称帝，国号大夏，这表明了西夏党项族与大宋之间臣属关系的完全破裂，夏、宋之间的关系骤然紧张。宋朝大多数人认为对于元昊的突然称帝应给予征讨，亦有许多人认为此时不宜出兵，出兵取胜的希望也很小。但仁宗还是比较倾向于出兵的主张。宝元二年六月，仁宗下诏剥夺了元昊的官爵，断绝双方之间的贸易往来，并在边地张榜招募，允诺对能擒斩元昊的人将授与定难军节度使的官职。战事一触即发。

康定元年(1040)五月，仁宗任命韩琦与范仲淹同为陕西经略安抚副使，专门负责对夏作战事务。在战略思想上，范仲淹主张采取守势，使西夏军无可乘之机，在经济上不断削弱、在政治上逐渐瓦解，待条件成熟时，再行征讨。然而韩琦的策略却与范仲淹的截然相反。他认为长期坚守，极有可能丧失士气；长期防守也会给国家财政增加更大困难，因此认为应迅速进军，速战速决。朝廷经过多方商量，均支持主动出击。并于庆历元年(1041)正月，下令韩、范出兵。但范仲淹坚持前议，反对出兵。前来说服范仲淹的尹洙感叹说：“你这一点不如韩琦。韩琦曾经说过：‘用兵先要将胜负置之度外！’”范仲淹反驳说：“大军一动，涉及成千上万人的性命，怎么能置之度外呢？”

庆历元年二月，韩琦得知元昊将出兵渭州，便决定全面出兵。谁知夏军以佯败的假象对宋军进行了引诱，导致宋军在六盘山下的好水川遭到夏军伏击，宋军惨败。韩琦被贬知秦州，范仲淹也因擅自与元昊通信劝其罢兵，并焚毁了西夏复信，被贬知耀州。不过经过这一战，朝廷及韩琦等人都知道范仲淹的战略思想才是正确的。庆历二年十月，朝廷再次任命范仲淹为环庆路都部署、经略安抚招讨使，掌握该路军事，并以韩琦、王沿、庞籍分掌秦凤路、泾原中、鄜延路军事，范仲淹从此得以充分施展军事才能。

范仲淹根据自己的战略思想和作战方针，采取了一系列重要措施。首先是修筑城寨，采取稳扎稳打、步步为营的战备。他先后修建了青涧、大顺等城，控制住了边塞的战略要地。其次是争取、团结羌族，从而削弱和孤立了西夏。范仲淹和他的部下经常深入羌民中间，扶贫济困，当西夏进犯时，又经常驱马相救。因此在羌人心目中，范仲淹享有很高威信，他们亲切地称他“龙图老子”（范仲淹当时的职衔是龙图直学士）。范仲淹还把选拔将校、训练士兵作为一个中心内容。为此在作战之余，他让部下努力地学习古今兵法，对勇敢善战的狄青，不但给予优厚的待遇，而且送给他一部《左氏春秋》，并告诉他：“大将不知古今，不过是匹夫之勇罢了。”从此狄青刻苦读书，对于秦汉以来的将帅兵术他了如指掌，最终成为北宋屡立战功的名将。

在战术上，范仲淹也尽量革除旧弊。原有的作战方式是：部署官带领10000人，钤辖带领5000人，都监带领3000人，出战时官小者在前。范仲淹认为：这种不考虑敌方人马数量按官职大小顺序而出战的方式极其呆板、机械，于是革除了这种迂腐的作战方式，而根据敌兵多少决定出击人数。这种战术机动灵活，非常有利于打击敌人。西夏将士害怕起来，相互警告：“不要再攻延州了，现在的小范老子腹中有数千万兵甲，不比大范老子(范雍)可欺也。”范仲淹还提出了总的战略方针：对付西夏大股军队要坚壁清野、固守以待援兵；对付小股进犯的夏军则可主动出击。他请求朝廷要给将帅以“便宜从事”的权力，使其随时能够根据战况的变化而及时采取相应的战术，从而不致于贻误战机。

大量军队长期固守在西北边远之地，需要从内地远程运来大批粮草及物品，旅途艰难，耗费了大量的民力和财力，这已成为历来防守战略面临的最大问题。范仲淹吸取汉、唐兴屯田的历史经验，奏请仁宗在边塞屯田。仁宗同意了他的建议，诏令陕西四路部署及转运使并兼营田使，转运判官兼管勾营田事。

由于范仲淹在西北推行正确的战略方针和一系列有力措施，使得边防日益巩固。加上他与另一主将韩琦的空前团结，元昊不敢侵犯。西北边境流传着一首歌谣："军中有一韩，西贼闻之心胆寒。军中有一范，西贼闻之惊破胆。"范仲淹与韩琦名声大振，史称"名重一时，人心归之，朝廷倚以为重"。

庆历改革　推行新政

庆历初年，宋夏战争连绵不断，且宋军屡战屡败，农民起义如山雨欲来而政府束手无策。激烈的民族矛盾和阶级矛盾交织在一起，使宋朝的政治危机和经济危机日益加剧，改革已成为势在必行之事，也正是在这个内外交困的情境下，范仲淹被推上了历史舞台。

庆历三年四月，在西夏战事还没有完全结束的时候，统帅范仲淹、韩琦就被双双召回朝廷担任枢密副使。不久，谏官欧阳修、余靖、蔡襄等人奏称范仲淹

欧阳修

有宰相之才，弹劾参知政事王举正懦弱无能，并请求用范仲淹取代王举正。七月，范仲淹被任命为参知政事。按照当时的官制，参知政事相当于副宰相，地位仅次宰相，亦属是宰辅之臣。

范仲淹入相时，对于改革而言，政治形势还是相当宽松的，韩琦、富弼为枢密副使，欧阳修、蔡襄、余靖、王素为谏官，他们都是改革的支持者与推动者，是革新的主力军。枢密使杜衍是革新派的同情者，宰相章得象和另一参知政事贾昌朝迫于形势也表示赞成改革。特别是仁宗，他对改革寄予厚望，希望能够通过改革摆脱困境，不仅解决目前的内忧外患的局面，更望达到富国强兵的目的。仁宗数次向范仲淹询问改革事宜，命令为范仲淹开放天章阁的大量档案以供参考，并召开中书和枢密院大臣会议商讨大政方针。

庆历三年九月范仲淹向仁宗进呈《答手诏条陈十事》。范仲淹提出的十事包括：一、明黜陟。改革磨勘制度，以政绩作为决定官员升降的标准；二、抑侥幸。限制官宦子弟凭借祖辈的功德而得到官衔的权利，取消高级官吏在乾元节（皇帝生日）享受升迁的旧例；三、精贡举。改变教学内容和考试方法，选拔具有优秀品德和治国能力的人才。四、选择地方长官。由上级逐层推荐下级主管官吏的人选，最终根据推荐者的多少确定；五、均公田。按照级别给地方官分配职田，官吏的生活水平提高了，自然能够抑制贪污腐败之风；六、厚农桑。督导地方官加强农田水利建设，大力发展农业生产；七、修武备。实行府兵法，招募全国各地的壮丁协助正规军维持治安。规定府兵一年务农和训练的时间为三比一；八、推恩信。各级官吏必须严格执行皇帝的赦令，对违令者严惩不贷；九、重命令。朝廷颁布法律法规要慎重，各级官吏执法时必须要严肃；十、减徭役。合并户口少的州县，裁汰冗员，以减轻

人民的赋税和徭役负担。

皇帝此时正信任和器重范仲淹，十事除府兵法外，其余各项都在庆历三年十月至庆历四年五月间，先后以诏书的形式颁行全国。范仲淹的"十事疏"，切中时弊时地揭露出了大宋王朝内部存在的各种重大问题，同时又提出了一些行之有效的救治措施，是庆历新政的纲领。在此前后，富弼、韩琦也上书陈述当世急务，成为"十事疏"的补充。举国上下都期望新政能够改变国困民穷的面貌，范仲淹也把营造太平盛世作为自己的使命，为推行新政呕心沥血。

然而，庆历新政，对权贵官僚的种种特权做了严格限制，因而触犯了他们的利益，所以，一开始就遭到他们的反对。随着改革的深入开展，革新派遇到的阻力越来越大。保守派为了保护自身的权益，不择手段地制造政治流言，对革新派人物进行诬陷，以达到彻底打倒革新派的目的。曾经附和新政的宰相章得象，公然支持部分反动的谏官攻击范仲淹等人结党擅权。随后，由于革新而被罢黜的保守派官僚前枢密使夏竦，竟伪造了一封他人给富弼的亲笔信，然后，再根据信中的内容诬告革新派有妄图废立皇帝的野心。谋逆之罪，非同小可，虽然仁宗本人对此没有什么反应，但革新派却开始觉得改革将难以顺利推行下去。这时，西北边防又有急报。庆历四年六月，范仲淹以防秋为名请求巡边，被任命为陕西、河东宣抚使。他离开朝廷后，保守派对新政的攻击更加猛烈。庆历五年年初，他正式被解除参知政事的职务，担任陕西四路安抚使兼邠州知州。同时，在这段时间，革新派的代表人物富弼、韩琦等被排挤出朝廷，忠于职守的按察使以"苛察"的罪名遭到贬斥，就连同情改革的文士苏舜钦、刘巽等人也被驱逐出京。革新派从中央到地方被一网打尽，持续了不到两年的改革之风在顽强的保守派面前，再也没有了开始之时的强劲势头，越吹越小，直至停息。

高风亮节　后人景仰

范仲淹，以天下为己任，忧国忧民，将个人荣辱置之度外，是一个有远大抱负和高尚情操的政治家。他的传世之作《岳阳楼记》中"不以物喜，不以己悲"、"先天下之忧而忧，后天下之乐而乐"，正是他一生为人、为官的真实写照，以及面对风风雨雨的人生磨难所持有的人生态度。范仲淹居官清廉，不贪富贵。正如他在自己的诗中写的那样："身甘一枝巢"，"富贵非我望"。甚至到了晚年还没有一所像样的宅第。他61岁知杭州时，其子弟要为他在洛阳建一所住宅，作为养老之所，范仲淹极力反对。对于自己的生活，他非常地节俭。而见到周围人有困难，他却当即解囊相助。他在家乡苏州还办了一个"义庄"，用来赡养和救济本族人。他身居相位，饮食非常简朴。妻子儿女的衣食也只求温饱，不务奢华。他对子女也管教极严。

范仲淹待人亲切，又举贤任能，当时许多贤士如孙物、胡瑗、石介、李觏都是由他推荐而成名立业的。由于他乐善好施，博爱众人，所以，就连街巷里的普通百姓也能说出他的名字。宋人钱公辅说范仲淹是一位"忠义满朝廷，事业满边隅，功名满天下"的杰出人物。

皇祐四年(1052)正月，范仲淹徙知颍州，在赴任途中因病在徐州逝世，终年64岁。听到他死讯的人无不悲伤叹息。甚至连羌族百姓，也聚众举哀痛哭，斋戒三天。仁宗悲伤不已，亲笔为他的墓碑撰额，称为"褒贤之碑"。

王 安 石

王安石(1020－1086)，神宗朝宰相。字介甫，号半山，江西临川(今江西抚州)人，世称临川先生。曾推行变法，是一位著名的政治家、改革家。此外，他的诗文也均有名。

立志济国　筹谋变法

王安石生于宋真宗天禧五年(1021)，父亲王益，做过几任地方官，王安石便自小跟随父亲奔波于南北各地，到过江宁、扬州、韶州、开封等，生活虽然不很安定，但也增长了很多知识，开阔了眼界。景祐四年(1037)王安石随父亲到江宁。从此，便在江宁定居下来，江宁成为他的第二故乡。但是，在江宁不到二年，王安石的父亲就去世了，那年他19岁。由于父亲的去世，家境逐渐困难起来，他和母亲过着十分清贫的生活。

庆历二年(1042)春，22岁的王安石参加科举考试，一举及第，名列上等，从此步入仕途，被任命为签书淮南节度判官厅公事，给扬州地方长官韩琦当幕僚。

任职三年后，按宋制可以有资格献文求试，以取得馆阁的职位。然而自幼就体察到民生疾苦的王安石，却非常想为百姓做点事，他愿继续在地方做官，因而在庆历七年(1047)出任鄞县知县。

希望能有一番作为的王安石来到任地，他看到鄞县地区跨江负海，有丰富的水资源，但由于水利失修，不能充分利用，使水白白流入大海。遇到不雨之年，即出现严重旱情，这是老百姓最害怕的事。因此王安石

王安石

在到鄞县的第一年，便决定永远的解除患祸，他号召百姓利用冬闲之时，挖渠修河疏通水道。并且他还亲自到各地督促检查，由于这件事深得民心，百姓无不效力。在二三年里建造堤堰，修整陂塘，为当地水利建设做出不少成绩。

王安石在鄞县任满后，皇祐三年(1051)又转任舒州通判、群牧司通判、群牧司判官等职。这时的王安石已展现出他卓越的政治才能，每任一方就造福一方；同时，他又以学问和文章知名于世，欧阳修推举他在朝廷任职，但他依然没有接受，仍要求外任，于嘉祐二年(1057)被派到常州任知州。

嘉祐三年(1058)春，王安石调任江南东路提典刑狱，到任后，王安石发现现行的榷茶法存在严重弊端，官卖的茶叶，不仅质量低劣，而且价钱昂贵。因而他上疏仁宗，请求取消榷茶法，要求将茶叶市场放开，交由商人经销、官府只要从中抽税就可以了，这样可使民间得到好茶和贱茶。经实施，成绩不错，不仅国家通过行政税收增加了国库收入，而且老百姓还可以买到价格低廉的好茶，真可谓利国利民。

同年十月，仁宗召王安石进京，任三司度支判官。王安石无法再推辞，只得去上任。经过十几年地方官生活，使王安石对民间疾苦，社会人生有了更深刻的感受和认识。

嘉祐四年(1059)夏，他写成了《上仁宗皇帝言事书》，洋洋万言，陈述了自己力图改变北宋王朝自开国以来便形成的内忧外患，积贫积弱局面的愿望。

王安石的万言上书，没有得到仁宗的重视，因此也就没能得到采纳。但《言事》书无疑是王安石变法思想的集中体现。

嘉祐六年(1061)，王安石被任命为知制诰，两年后仁宗去世，赵曙即位，是为英宗。这时王安石也因母亲去世，回到江宁守丧。

英宗即位后，无所作为，在位4年就因病去世。治平四年(1067)赵顼即位，是为宋神宗。起用王安石知江宁府，熙宁元年(1068)四月，王安石到开封，受命为翰林学士兼侍讲。

年轻的宋神宗，不同于仁宗和英宗，是一位颇有作为的年轻君主，他渴望能像唐太宗那样，征服四海，天下一统，也想寻求一个像魏徵那样的宰相，辅佐他建功立业。因而他对改革给予了厚望，希望能够借此实现他的政治理想。

王安石回开封后，神宗便即刻召见了他。开始就问，治理天下何以为先。王安石回答说："选择治理的方法。"神宗又问："唐太宗如何？"王安石说："陛下当法尧、舜，何以太宗为哉？尧、舜之道，至简而不烦，至要而不迂，至易而不难。但末世学者不能通知，以为高不可及尔。"最后神宗说："你要全心全意辅佐我，共同来完成这个伟大的事业"。

不久，神宗又问王安石，自大宋开国以来，百年无大变，天下太平是什么原因。王安石为了全面地回答这一问题，退朝后，写一份《本朝百年无事札子》，上奏神宗。王安石认为天下并非太平无事，只是目前没有爆发大面积动乱而已，他剖析了特别是仁宗统治时期在用人、理财、治军各个方面的弊端。"农民坏于徭役，而未尝特见救恤；又不为之设官，以修其水土之利。兵士杂于疲劳，而未尝申敕训练"。"其于理财，大抵无法，故虽俭约而民不富，虽忧勤而国不强。"王安石认为"大有为之时，正在今日"，表示了变法图强已经是刻不容缓的事，只有对现有的弊政进行完全、彻底、全面的改革，社会面貌才能焕然一新。

神宗于熙宁二年(1069)二月，任命王安石为右谏议大夫、参知政事。王安石在神宗的支持下，建立"设置三司条例司"，作为主持变法的专门机构，由王安石亲自负责。王安石又推荐吕惠卿作为自己的主要助手。一场变法革新的运动开始了。

熙宁变法　大展宏图

王安石的变法，在当时称之为新法。为了将新法切实地推行下去，王安石特地选了40多名提举官，来向大家推广、宣传新法。熙宁二年(1069)七月，王安石的改革方案陆续出台，内容包括理财、整顿治安和军备、改革科举与学校制度诸多方面。其中，理财是其核心内容。王安石主张"以天下动以生天下之财，以天下之财以供天下之费"。其具体内容概括如下：

均输法。宗旨是"徙贵就贱"，也就是京城所需物资的采购要以价格低廉、路途较近为原则。此法可有效调整物资的供求关系，改进了对京师贡物的供应，增加政府财政收入。但同时也存在弊端，如信息滞后、无法及时调整，富商大贾得以操纵市场从中渔利以及农业、手工业和矿业产品无法自由流通等。

青苗法。即政府在青黄不接之时贷"青苗钱"给百姓，夏秋收获时还粮或还钱。此法的推行有利于抑制高利贷商人对农民的盘剥。然而其弊端也依然存在，官吏在散敛青苗钱时也有敲诈勒索、折价计钱的不良行为，借贷的农户仍是受尽盘剥，陷入还债的深渊之中。

农田水利法。主要内容是发展农田水利，开辟大量的荒田，制定整治河道的规划，促进农业生产的发展。此法实施之后，取得的成就有目共睹，耕地面积得以大大增加，黄河得到治理，兴修了很多水利工程。

免役法。代替了以往实行的差役法。主要内容是承担徭役义务的人不再服徭役，而是出钱募役，并把此下到单丁、户，这使得原本不必服役的家庭也得出钱。免役法的推行使各等户都得出钱，豪富之家财产多，出役钱也自然多。同时使轮流充役的农民得以回乡务农，有利于发展农业生产，亦增加了政府的财政收入，同时也抑制了豪强。实施的效果确实达到了目的。但它仍是一项弊端极大、争议最多的措施：地方官员收钱后募人充役可以任意出入，农民将劳动成果换成货币时又会遭受到商人的一层剥削。同时因为免役法每年都征收，而差役数年才轮流一次，实际上等于加重了农民的负担。

市易法。即以国家所藏库帛"置市易务于京师"，不久就在各路推行。此法有利于保护中小商贩和外来客商，但从经济的角度讲，政府干预商业活动不利于商业自身的发展，同时政府的干预亦使得官员与豪商勾结起来，控制价格，反而坑害了平民百姓。

方田均税法。该法包括方田法和均税法两个方面的内容。由于北宋并不反对土地兼并，因此富豪地主大量兼并、侵吞土地，并千方百计隐瞒土地的数量以逃避税收，这便大大地减少了国家的土地税收，方田法旨在解决隐瞒土地的问题，但实际推行过程中，一整套既定措施根本得不到实行，成为一纸空文。

保甲法。旨在解决"寇道充斥、劫掠公行"的现象，控制人民，增强国家的军事力量。但此法不利于农民安心生产，不利于人员的流动。

除上述各项措施之外，王安石也在科举制度和学校制度方面采取了不少改革措施。为了通过考试选拔更多的具有真才实学的官员，他废除明经科和科举诗赋，以《诗》、《书》、《易》、《周礼》、《礼记》为本经，《论语》、《孟子》为兼经，要求考生联系实际回答问题，只有这样，才能找到真正具有经国治世的人才。王安石还注重学校制度的改革，"立太学生三舍法"，分生员为三等，上舍生成绩优异的，可"免发解及礼部试，召试赐第"。

变法失败　罢相而终

王安石的变法在一定程度上抑制甚至是损伤了大地主、大贵族、大商人的利益，由于对某些特权阶级的抑制，使得新法遭到了守旧势力的猛烈反扑及围攻。并随着变法高潮的到来，双方斗争的形势也愈加激烈和复杂。反对派们虽被逐出朝廷，却不肯善罢甘休。他们抓住变法过程中出现的一些偏差，对改革派发动了一次又一次的猛烈攻击。

1072年，就连华山崩裂也成了他们反对变法的理由，枢密使文彦博乘机对神宗说："市易司不当差官自卖果实，至华山山崩！"偏偏旱灾又接踵而至，反对派们以所谓天怒人怨为依据，反对新法。他们的反对之辞使得神宗有些动摇，神宗还真以为是触犯了天神。王安石对这些目光短浅、荒诞可笑的议论，视之为流俗，认为不足顾惜。他反复开导神宗，说天崩地裂、河水泛滥等这些都是非常正常的自然现象，与人事毫不相干，虽然有时碰到一起，也只是偶然，正

文彦博

确的态度应当是更修人事，以应付天灾。然而，神宗疑惧难消，而反对派的攻势却愈益猛烈。

除了文彦博之外，参知政事冯京又上言，对新法予以全面否定。更严重的是皇宫后院也加入了反对派的队伍，因为市易法实行"免役钱"直接触犯了皇族、后族和宦官们的利益。原来宫廷用品是由市易司供给，在购置用品的过程中，宦官们经常借着皇帝近侍的特殊身份对商人进行勒索、诈取。实行免役钱后，各行户按收利多少向宫廷交钱不再交物，宫廷所需物品，要按市易司规定的市场价格，出钱购买。这样，皇帝的亲属近侍便无利可图，他们便将一切的罪责都推到王安石的身上，皇太后和太皇太后泪流满面地向神宗诉说"王安石变法乱天下"，要神宗把王安石赶出朝廷。在这关键时刻，支持改革的神宗变卦了。从1073年起，各地发生灾荒，河北的灾民四处流亡，纷纷流入京城，有人借此绘了一幅《流民图》，上书神宗，说这些灾荒是王安石变法的结果，最后说："去安石，天乃雨！"处在反对派的包围之下的王安石，很难继续执政，便在1074年四月上书要求辞去宰相之职。不知所措的神宗竟然下诏，命王安石出知江宁府（古时又称金陵），安心休息。

接任王安石为相的是韩绛，吕惠卿为参知政事，这两个人都是中坚的变法力量。但对一些具体问题，两人意见经常不一致，往往使许多法令不能及时地实施。且吕惠卿为人又颇跋扈，韩绛为了牵制他，便密请神宗复用王安石。作为神宗本人，他也不想变法中途失败，所以在熙宁八年（1075）二月，他又派使臣到江宁召回王安石。王安石见诏后，十分激动，便立即上路，昼夜兼程，仅用7天时间就回到京城开封，再度为相。

王安石复相后，虽然还想继续推行变法，但变法派内部却出现了分裂，且分裂越闹越大。而导致分裂的重要原因却是变法派内部的核心人物吕惠卿。吕惠卿是个出类拔萃的才子，对几项重要新法的制定和推行是有功劳的。但他个人野心太大，权势欲极强。对于王安石的再度为相，他深感不安与不满，处处给王安石出难题。吕惠卿又公行不法。熙宁八年十月，终于因罪被解除副相职务。变法派的另一主将章惇，因与吕惠卿"协力为奸"，也被罢出朝廷。变法派的分裂，大大削弱了变法派的战斗力，也使王安石的改革锐气受到极大挫伤。而新老反对派的攻击依然火力不减，在这种情况下，本来就摇摆不定的神宗更加动摇了，根本不像以前那样对王安石言听计从了。

正值王安石日益消沉的时候，王安石的儿子又因病去世。丧子之痛，又给他病弱的身心沉重的一击。内忧外困，使已届古稀的王安石再难拥有当初的雄心壮志，一连四五次上疏，坚决请求解除宰相之职。1076年十月，神宗终于同意了他的请求，给他"判江宁府"的官衔，王安石于是又回到了他熟悉的金陵。

元丰八年（1085）三月，宋哲宗即位，太皇太后高氏听政，保守势力控制了政权。

不久，司马光出任宰相，尽废新法。元祐元年(1086)三月，"罢免役法"。此事对王安石打击很大，并因此一病不起。四月，王安石去世，时年66岁。

司 马 光

司马光(1020－1086)，哲宗朝宰相。字君实，号迂叟，世称涑水先生。陕州夏县(今属山西)涑水乡人。其父司马池，曾担任过天章阁待制。司马光坚决反对王安石变法，在相位不到一年，尽废新法。他一生为官正直，诚实待人，为后人所尊崇。在担任西京御使台期间，他主持修撰的《资治通鉴》，在文学和史学上都有极高价值。

聪明好学　为官正直

司马光出身于官僚地主家庭，其父司马池曾官居四品，担任过北宋中央集权中的天章阁待制等要职，司马池光明磊落，因此对其子司马光家教甚严。司马光6岁时，偶尔得到一个壳非常坚硬的核桃，自己弄了半天都没有弄开，后来婢女看到就帮助他去了壳。结果其兄看见剥出来完好无损的核桃仁，就问司马光是谁去的。结果司马光随口便说是自己。不巧，这一切都被刚刚下朝回来的父亲看到，原本司马光以为父亲要严厉地责罚自己，但是，他没想到父亲不仅没有发火，反而亲切地走过来抚着他的头谆谆教诲道："诚信，是为人的根本，人应当取信于人。"从此，司马光立志不说谎话，并且说到做到，终生不说假话，被人传为佳话和当作效法的榜样。当然，著名的"司马光砸缸"的故事就发生在他六七岁的时候，在此，我们就不提了。

司马光

不过，司马池对司马光的主要要求还在于读书求知。司马光6岁的时候，就在父兄的督教下开始读书，他不仅努力好学，而且严于律己。当别的同学都去游戏的时候，他却待在房中诵读，直到能够熟练地背诵为止。后来他觉得只能背诵还不够，还必须懂得书中所说的道理，因而就早上诵读，晚上思考。他说："书不可不成诵，或在马上，或在中夜不寝，时咏其文，思其义，所得多矣。"他不放过任何一个机会艰苦地进行学习。白天，他在学校里听先生讲《左氏春秋》，晚上放学回家，便对家人复述这部书，因此很快了解了这部书的要旨。当时，他睡觉用的枕头，是一段圆木，叫"警枕"。圆木容易动，使人睡不稳。只要圆木一动，司马光就惊醒，立即起床挑灯夜读。如此地不知疲倦，如此地持之以恒，所以他很早就表现出过人的才华。

到司马光15岁的时候，他就已经读了不少书，文章亦写得淳深古朴，时人评之，说有西汉之风。就在这一年，按宋朝的旧制，五、六品以上的官员子弟都可以凭恩荫补官。不过，司马光不想靠父亲的四品官位而获得庇护和赐予，他有自己的抱负。宋仁宗宝元元年(1038)三月，20岁的司马光参加了科举考试，金榜题名，中进士甲科。考中进士后，司马光被授予奉礼郎、华州(今陕西华县)判官。那时司马池知杭州，为了便于侍双亲，司马光上书请求调任苏州判官。朝廷同意了他的请求。由于在这一年，他的母亲和父亲相继去世，司马光在家服丧达5年之久。这期间，他闭户读书，写了好些文章。庆历五年(1045)，司马光丧服满了，任武成军判官。从此，司马光步入宦途。

皇祐元年(1049)，庞籍为枢密副使，力荐司马光试馆阁校勘，同知太常礼院。在此期间司马光参与了朝廷有关刑事、礼仪及编校书籍等工作，馆阁校勘的工作给司马光提供了阅读朝廷密阁所藏的大量图书的机会，对于以后的史学研究与编撰有很大地帮助。同时亦因执掌太常礼院的事情，以论夏竦谥号而得到了不虚美、不隐恶的美名。在皇祐三年(1051)，迁殿中丞。可惜好景不长，当时宰相庞籍涉嫌罢相，次年降为户部侍郎，出知郓州。庞籍希望司马光做他的助手，固而举荐司马光任郓州典学。司马光为报庞籍知遇之恩，就随庞籍到郓州任。司马光在那里，担任了郓州典学和通判。通判是考察官吏治绩优劣的苦差使。至和二年(1055)，庞籍改任河东路经略完抚使、知并州，司马光又跟随庞籍调到并州(今山西太原)，任通判。在并州，当时屈野河西良田很多，西夏人一点点地蚕食这块土地，成为河东的祸患。庞籍命令司马光按察此事，司马光建议："修筑两座城堡以制约夏人，招募百姓来耕种这些土地，耕种的多了收买粮食就价钱低，也可以逐渐缓解河东高价买粮远途运输的忧虑。"庞籍听从司马光的建议。然而，并州宋将郭恩虽然勇猛却很狂妄自大，在毫无准备的情况下，在夜里率兵渡过屈野河，对西夏兵突然袭击，结果被西夏军完全击破，全军覆没。庞籍也因此获罪而离任。司马光三次上书将罪责归于自己，得不到答复。6年后，庞籍去世，司马光为感庞籍之恩泽，登堂拜庞籍的妻子如同母亲，抚育他的儿子如同兄弟。

嘉祐二年(1057)，司马光再次被调入京，任职秘阁，后迁开封府推官等职。嘉祐六年被提升为起居舍人，同知谏院。谏院是专门批评朝政得失的机构。司马光担任谏官5年，竭尽忠诚，恪守职责，以其刚正不阿的性格，从内政外交到社会道德，向朝廷提出了许多批评和建议。

嘉祐八年(1063)三月，仁宗皇帝病重，他对司马光等臣子的忠心尽职十分赞赏，临终留下遗诏，赏赐司马光等一笔财宝。英宗继位后，也十分感激司马光等人的上奏，果决地执行了仁宗的遗诏。司马光对受赐的同僚说："为国家尽职责，理所应当，何况现在国家贫困，钱财缺乏，我们不应该接受这么多的赏赐。"有的人听了，不以为然地说："先帝恩赐，不接受就是对先帝的不尊敬。"也有人这样说："皇上恩赐是无上光荣，哪有不受之理！"于是，司马光决定将先帝赐给的宝物交给谏院作公费，以减轻国库的负担。

司马光正直无私，两袖清风，除俸禄外，不谋取外财。晚年时，司马光隐居在洛阳的尊贤坊，买了20余亩地，造了一座花园，取名为"独乐园"。按洛阳的风俗，春天人们喜欢游园，管理的园丁可以得到一些茶汤钱，但其中的一半必须分与主人。"独乐园"的园丁吕直得钱2万，便拿出1万钱分给司马光。司马光不肯要，吕直只好又把钱拿走，十分感慨地说："只有我们的司马相公不爱钱。"

反对变法　编修巨著

司马光与王安石既是老相识，又是好朋友。两人对于北宋王朝所面临的内忧外患的局面及千疮百孔的社会现实，都有着深刻的认识，都主张采取措施以改变现状。然而在具体方式上，他们存在着严重的分歧。其中分歧最大的方面就是在理财上，王安石变法的重点在于"开源"，努力从各个方面增加政府的财政收入，而司马光则注意"节流"，即减少政府支出。

王安石变法虽然有许多有利于生产发展的方面，但同时也存在不少问题，这是司马光反对变法的根本原因；另一个原因是王安石用人不当。熙宁二年(1069)，王安石升任参知政事，宋神宗"设制置三司条例司"，并令"陈升之、王安石领其事"，王安石即推荐吕惠卿担任条例司检详文字。王安石一直很信任吕惠卿，在罢相后仍推荐他担任相职。但吕惠卿追逐权力，诬陷王安石，以新法掠夺民财。这种因用人失误而招致的种种恶果，使得司马光看在眼里，痛在心里，他多次写信给王安石，阐述他自己对于新政的看法，但王安石都没有加以理会。

随着新法的推行，保守派与变法派势如水火，许多反对新法的官员都被王安石赶出了朝廷或主动提出辞职请求外任。司马光也在其中，被罢免了翰林学士等职。熙宁三年，司马光再一次离开京城，出任水兴军(今陕西西安)的地方官。熙宁四年(1071)夏，司马光辞去职务，任西京(今河南洛阳)留司御史台，这是一个闲散的职位。从此司马光定居在洛阳，在"独乐园"里居住长达15年，远避朝廷党争之祸。在此期间，司马光完成了他的史学

宋神宗赵顼

司马光编写《资治通鉴》得到了皇帝的大力支持。早在英宗年间，他已初步撰写《历年图》25卷和《通志》8卷，当时英宗看了，极为赞赏，让司马光继续编下去，并允许他设书局、择官属。神宗时，司马光又得到资料、财力方面的支持，使其不为物力缺乏所限制，专心著书。

司马光修书的精神与毅力让人感动。在长达十几年的编撰过程中，司马光等人忍受了常人所无法想象的寂寞与辛苦。为了完成这部巨制，司马光可谓耗尽了毕生心力。他自己曾说："研精极虑，穷竭所有，日力不足，继之以夜。"在编写的过程中，他事事考据、字字推敲，翻阅了无数的资料。光其残稿，竟堆满了两间房屋。巨著写成，司马光已"骸骨癯瘁，目视昏近，齿牙无几，神识衰耗，目前所为，旋踵遗忘"。《资治通鉴》的修成，不仅为后世封建统治者留下了宝贵的统治经验，也为后人提供了鉴古知今的好教材。

出任宰相　尽废新法

元丰八年(1085)三月神宗病逝，神宗年仅10岁的儿子赵煦继位，是为哲宗，改元为元祐。由于哲宗年少无知不能亲政，整个朝廷就听他的祖母太皇太后高氏调遣。这位太后一向器重司马光，加之神宗临死曾留言让司马光和吕公著当赵煦的师傅。同年四月，司马光入朝任门下侍郎，元祐元年(1086)闰二月，已是67岁高龄的司马光又升任尚书左仆射，做了宰相。虽然这时他已年迈力衰，身体多病，做宰相主持朝政已力不从心，但仍是兢兢业业、克己奉公地为国家操劳，为万民请愿。

司马光一上台，便全力以赴地从事废除王安石新法的工作。在就任门下侍郎的第二天，他就上了《请更张新法札子》，把新法比之为毒药，请立即采取措施，全部"更张"。十二月四日又上一份《请革弊札子》，要求将王安石新政所造成的弊端一一改正。为了使自己的政治主张能够实现，罢废新法一事能顺利进行，入相以后他向高太后进言，陆续将因反对变法而被贬出各地的官吏刘挚、范纯仁、李常、苏轼、苏辙等人召回朝中任职，吕公著、文彦博等老臣也逐渐回到朝中，委以要职。司马光前后几次上书，对王安石变法给予了全盘的否定。在高太后的支持下，变法派的蔡确被罢相出知陈州；章惇也被贬汝州。司马光如此决绝反对新法的态度，不仅原来变法派的人物极力反对，就是原本反对变法的人也主张要慎重行事。范纯仁就曾劝司马光，对新法只要"去其太甚者可矣"，并且应当"徐徐经理，乃为得计"，如废保甲法时，对保甲当中那些武艺出众的人，就应该委派殿前司加以拣选；吕公著也认为只要对新法实施过程中出现的偏差及弊害进行纠正就行了，并不一定全面废除。但是此时的司马光已经听不进去这些话，他认为"既知其为害于民，无益于国，便当一切废罢"。他把废除新法比作给人看病，认为主张慢慢来不让病快点好，对病人是没有好处的。

司马光一向认为战争是劳民费财之举。所以，在他任相期间，还将王安石变法时侵占西夏的领土，应西夏的要求还给了西夏。

作为朝中重臣，司马光虽位高权重，但他依然勤俭节约，并以身作则。他提倡为国家节俭，自己就多次辞赐金、物。他平时个人生活极为俭朴，"食不敢常有肉，衣不敢纯衣帛"。他教导儿子司马康要力戒奢华，还专门作了一篇文章，叫《训俭示康》，他认为只要"衣取蔽寒，食取充腹"就可以了，他的这种俭朴精神曾为朝野上下所共仰。

司马光做宰相后政务繁忙，他不但日夜操劳国家大事，还挤出时间从事著述，20卷的《稽古录》便成书于这一时期。元祐元年(1086)八月，司马光的病情突然加重，昏迷不醒，九月一日去世，享年67岁。高太后和哲宗哀痛非常，亲临其丧礼。司马光被赠为太师温国公，谥文正。

李　纲

李纲(1083－1140)，南宋第一任宰相。字伯纪，邵武(今福建邵武)人。其父李夔官至龙图阁待制。李纲在危难之时受命为宰相，在短短75天的时间内，他在请罢和议、加强战备、力挽危局方面做了大量的工作。他积极抗金救国，为国家、为民族奋斗了一生。

坚守开封　抵抗金兵

李纲，出生于一个封建官僚家庭。少年时便颇有报负。22岁时进太原读书。33岁时进士及第。徽宗政和二年(1112)授官承务郎，后累升官位至太常少卿和起居郎国史编修官。由于此时朝政为大奸臣蔡京把持，正直耿介的李纲自然不为奸邪之人所容，因他几次三番上疏抨击朝政的弊端，要求改革。不久，李纲被贬为南剑州的沙县(今福建沙县)做一名管理税务的小官。

由于蔡京、王黼两人狼狈为奸，将朝政弄得混乱不堪，朝臣们早已不满，但又多敢怒不敢言。这下李纲被贬，朝野上下震惊。迫于压力，徽宗在宣和七年(1125)三月，又恢复了李纲的太常少卿职务。就在这一年里，北宋政府发生了急剧的变化，金政权撕毁了与宋的和约，大举南下。

李 纲

金兵分两路，眼看近逼开封府，以宋徽宗为首的大宋统治集团，顿时束手无策，乱成一团。并急忙任太子为开封牧，来应付危局。同时，为稳住局势，一面下"罪己诏"，做出准备抗金的样子，一面暗中准备逃跑。职微官轻的李纲挺身而出，献计献策，主张抗金。宣和七年，徽宗匆忙让位于太子赵桓。

钦宗为帝后，李纲继续上疏请命，力主抗金，请求皇上顺应民心，消除内忧外患。钦宗看过李纲的奏疏，表示了赞赏，并于宣和七年（1125）十二月末，任命李纲为兵部侍郎。第二年，又任命他担任了行营参谋官的职务。靖康元年（1126）正月初三，金军渡过了黄河。太上皇徽宗连夜仓皇出逃。宋钦宗在宰相白时中的劝说下，抗金决心开始动摇，亦准备出逃。形势急迫不容迟缓，李纲犯着性命之忧力劝钦宗坚守京城，以待勤王之师。钦宗当即任命李纲为尚书右丞（副宰相），留守东京，统领军队抗击金兵。同时也勉强答应了李纲的请求，表示不再南下，后来李纲又被任命为亲征行营使。

接受了重任的李纲，立即着手进行紧张的战略工作。不仅准备了充分的物资以备守城之用，又积极地操练士兵准备随时出击。然而就在李纲紧张地进行着这一切的时候，金军已经兵临城下。宋钦宗慌忙派出使臣与金议和，金人乘机提出割让土地、赔偿大量金银等蛮不讲理的苛刻条件。

就在以钦宗为首的投降派准备无条件接受金人的无理要求时，李纲却坚决反对，面对着这个城下之盟，他力谏钦宗坚守京师，并提出尽量拖延时间，等待各地勤王之师到来的建议。但是钦宗没有同意李纲的意见，而是倒向投降派一边，完全接受了金人的无理要求。李纲见此，不仅无限气愤，更是羞愧难当，他请求辞职，却没有得到批准。

就在钦宗准备用金钱土地换取苟安之时，各地勤王之师20余万陆续赶到，其中，马忠领导的京西兵马还在郑州与金军交战，结果给予了金军以重击，消息传至京城，军心振奋。况这时宋军兵力为金军3倍，因此，李纲趁机向钦宗提出把指挥各地勤王之师的权力给予他，却遭到了投降派的极力反对，他们怕李纲握有兵权、势力过大，就对钦宗提出了分散兵权的要求。于是钦宗下诏另设宣抚司，以种师道担任宣抚使，命姚仲平为都统制，专门管理各路援军。面对这样的情况，李纲并没有计较个人得失，而是积极的和种、姚二人商量，如何击退金兵。他们经过一番筹划，准备在二月初六这天起兵攻敌。靖康元年（1126）二月一日，姚仲平利欲熏心，为了抢头功，竟打破了原先商议好的作战计划，自行率军偷袭金营，然而却遭到惨败。

姚仲平失败后，钦宗在奸人的挑拨之下罢免李纲、种师道之职，派使臣带着同意割让三镇的诏书，向金人乞和。消息一出，民情激愤，以陈东为首的几百名太学生上书请愿，要求李纲复职。于是，钦宗又恢复了李纲尚书右丞相的职务。

复职后的李纲，又指挥将士加紧都城开封的各项城防措施，指挥军队英勇杀敌，宋军士气大振。金人一看李纲又复职，知道此战再难取胜，就慌忙撤兵了。

京都解围后，李纲曾多次提醒钦宗，防备金兵在秋高马肥之时再次侵犯，上疏没有回音，自己却被投降派排挤出了朝廷，接替种师道为河东抚使。六月底，李纲等数路兵马在太原附近与金作战，由于各路没有统一指挥，各自为政，被金兵各个击破。这下被投降派抓住了把柄，他们以李纲兵败为由，日夜在钦宗面前进谗言。八月，李纲被罢知扬州，提举杭州洞霄宫，十月，又被放逐，充建昌军。

宋徽宗赵佶

九月，金兵再次大举南下，并再一次包围了开封。钦宗在这时才想起忠心耿耿的李纲，才想起他的谆谆告诫。钦宗立刻任命李纲为资政殿大学士、领开封府，让他领兵增援，保卫开封。但是钦宗的诏书还没有到达李纲的驻扎地，开封已被金军所破。靖康二年(1127)，钦宗、徽宗被金人押往金国，北宋灭亡。

出任宰相　壮志难酬

建炎元年(1127)五月一日，曾差点被拉去做人质的康王赵构在南京(今河南商丘)即位，改元建炎，史称南宋。

宋高宗赵构即位之后，任命了黄潜善为中书侍郎、汪伯彦为同知枢密院士，但是他仍然认为这二人声望不高，还是想让李纲出任宰相辅政。他不顾一些朝臣的反对，于六月二日拜李纲为尚书右仆射兼中书侍郎，出任右相，成为南宋政权的第一任宰相。

李纲在任相期间，面对国破山河在的景况，他只能竭尽全力，为抗金救国呕心沥血。他锐意改革，在刚刚上任时就向高宗上十议书，内容大致是：在对待金人入侵的问题上，一定要首先使自己强大起来，坚决抵御敌人的进攻。不能乞求讲和，走投降卖国之路。即加强河北、河东的防务；调动民间武装力量，积极参加抗敌斗争；重视人才；修城池、整兵器、制造战船、健全编制军队和军法、挖掘兵源扩大兵力；严惩张邦昌等叛国之人；反对迁都建康(今南京市)等等。

就在李纲为大宋王朝的生死存亡而殚精竭虑的时候，黄潜善和汪伯彦这两个投降派却在暗中大肆活动，他们向高宗皇帝密告，不断地派遣使臣与金议和，极力破坏李纲的抗战计划。后来干脆骂李纲为"国贼"，很明显地表现出企图从朝廷赶走李纲。

而作为宋高宗本人来讲，他请李纲回来也并非要用他一味抗击金兵，只是希望用李纲这个人人敬服的老臣来帮他坐镇朝廷。因此，在黄汪二人的谗言之下，他开始明显地对李纲进行了疏远。面对此种消极的君臣，李纲只能以辞职来表示自己的愤慨。建炎元年(1127)八月十八日，高宗下令罢李纲宰相职务，李纲在位时的一切改革、备战措施也随之废除。太学生陈东、欧阳彻再一次上书请愿，要求复李纲的职，抨击投降派黄潜善、汪伯彦，但高宗不仅不听，反而将两位太学生当众斩首。

李纲一罢相，金人便开始有所行动。在短短不到两个月的时间里，金人攻陷了许多地区，贪生怕死的宋高宗只得离开中原，乘船逃跑，直奔扬州而去。金人闻讯追击，高宗一行只好又逃往临安(今杭州)，金兵又继续南进攻击临安，高宗又慌忙逃到明州(今浙江宁波)，为了保护性命，高宗最后都不敢着陆，整日都只在海上漂泊，狼狈地躲避着金兵的迫击。金人由于不习水性，再加上岳飞、韩世忠部队的顽强抵抗，只得从南方撤军，回到了江北。为加强对黄河以南的统治，金人在撤军前，立了一个傀儡皇帝刘豫，以大齐为国号。

李纲在罢相后的最初几年里，仍不断地遭受着奸人的陷害，因而屡次被贬、被逐，最后到了万安(今海南岛)。对于朝廷的腐败、城池的沦陷、人民痛苦不堪的生活，他悲愤交加。但是残酷的政治现实，使他怀才不遇，壮志未酬，在此期间他只能通过写诗抒发自己的情感。

绍兴二年(1132)，在金兵撤回北方后，高宗回到了临安并召回李纲，任命他为湖广宣抚使，兼知潭州(今湖南长沙)。李纲接受任命后，还是一如既往，积极准备抗金，收复失地。以自己的行动来表明自己的爱国热忱和报效国家的愿望。他聚拢各路的地方武装，组织起一支坚强的抗金队伍；恢复被战争破坏的经济；减轻人民的苛捐杂税；访贫问苦等等。同时他在金与刘豫伪政权准备共同南下时，又上疏高宗，提出乘敌之虚、收复失地的具体办法。然而满腔的热血以及爱国情怀总是换来他人的诬陷与不信任，这次他的抗金建议还是没有被采纳。绍兴二年(1132)，李纲再次被免职，直到绍兴五年(1135)十月张浚任宰相后，才任李纲为江西安抚制置大使兼知洪州。由于高宗始终站在主和派一边，所以李纲是不会得到重用而有所作为的。对待金人是战是和，南宋朝廷内的主战派和主和派一直争论不休。随着形势的发展变化，高宗竟然同意了以秦桧为首的投降派的意见。绍兴九年(1139)南宋与金达成和议，宋对金称臣，每年贡银25万两、绢25万匹。面对这种屈辱的媾和，任何一个有着爱国之心的热血之人都不会不为之气结，一心渴望收复河山的李纲愤恨之极，但又无能为力。后来高宗又任命他为荆湖南路安抚大使，但李纲没有接受任命。

绍兴十年(1140)正月，南宋的第一任宰相、抗金英雄李纲含恨逝世，终年58岁。

秦　桧

秦桧(1090－1155)，高宗朝右仆射。字会之。江宁(今江苏南京)人。高宗时两任宰相，追赠申王，谥号"忠献"。后夺王爵，改谥"缪丑"。秦桧任相18年，里通外国，控制朝政，排除异己，培植党羽，卖国求荣，成为臭名昭著的一代奸相、卖国贼，为后人所唾弃。

变节投敌　攀上仕途

秦桧，字会之，江宁(今江苏南京)人，哲宗元祐五年(1090)出生于一个小官僚家庭，其父秦敏曾任静江府古县(今广西永福县境)县令。所谓"上梁不正下梁歪"，秦桧少时便师从于南宋奸相汪伯彦，所以说，奸相培养出卖国赋是非常正常的事情。秦桧年轻时并无大志，他在给小孩儿们当教书先生时，曾牢骚满腹地说："若得水田三百亩，这番不做猢狲王。"

1115年，25岁的秦桧中进士，被授职密州(今山东诸城)州学任教授，后任太学学正。虽然他只是个九品芝麻官，但因其妻王氏是北宋名臣王珪的孙女，所以夫以妻贵，秦桧因而与许多达官显宦有着密切的来往。10年之后，即靖康元年(1126)，金兵大举南侵，围困宋都城汴京(今河南开封)，并派遣使者进城，公然要求北宋割让太原、中山、河间三镇予金。朝廷内部以张邦昌和李纲为首的主和与主战两派，针锋相对，各不相让。这时，年已36岁的秦桧给朝廷上书提出了四条意见：一是金人贪得无厌，要割地只能割让燕山一路；二是金人狡诈，守备不可松懈；三是要求召集百官详细讨论，选择恰当之意见载入誓书；四是要求把金朝使者安排在外面，不能让他们进朝门上殿堂。但此时，已决定讲和的宋钦宗并未接受他的建议。不久还令秦桧在张邦昌属下为官，前往金营议和。秦桧坚辞不就，他说："是行专为割地，与臣初议矛盾，失臣本心。"但一心想要金朝退兵的宋钦宗，仍坚持派秦桧和程璃为割地使同金人进行谈判。金兵退去以后，由于御史中丞李回等人的举荐，秦桧升任殿中侍御史、左司谏。

靖康元年十一月，金兵再度南下，攻占京城，俘虏徽宗、钦宗，史称"靖康之变"。金国为了统治已经占

秦　桧

领的黄河以南地区，便立张邦昌为帝，作为傀儡。为此，大宋王朝内部许多大臣极力反对，秦桧为取得爱国的美名，还给金国写了一封慷慨激昂的声讨信。很显然，这只是秦桧一时的冲动之举。

当靖康二年(1127)，金兵将秦桧及其家人掳至金兵大营的时候，秦桧早就将国仇家恨抛置脑后。他趁机贿赂金帅粘罕，让粘罕为他在金太宗面前美言，他才得以留在金太宗之弟挞懒身边。自此之后，秦桧极力讨好挞懒，卖力为金国效命。

建炎三年(1129)十月，金兵进攻南宋时，秦桧已成为挞懒部军事参谋兼随军转运使，深得挞懒宠信。为了快速地消灭南宋朝廷，金人准备让秦桧打入南宋内部，从而里应外合谋取汉室天下。

建炎四年，挞懒趁带兵攻打山阳镇的时机，演出了一场预谋已久的丑剧。山阳城陷落，秦桧趁兵乱之机，带领其妻王氏及随从登船南下。船行至涟水时，遇到南宋巡逻兵士，秦桧自称是杀死了看守他的金人以后登船逃来的。秦桧被送往临安（今浙江杭州）。对于他归来的理由，没有人能相信，人们提出了种种的质疑，就连秦桧自己，也无法自圆其说。但是，秦桧以前的朋友如宰相范宗尹、李回人却极力为他辩说，并在高宗面前称赞秦桧忠心耿耿，夸耀他才识过人。宋高宗听信这些话，迫不及待地想见识一下这位"栋梁之才"。

第二天，秦桧见到高宗，就首先提出："要想求得天下安然无事，宋金两朝就要划归各自的领地，南归南、北归北。"要高宗安享南面半壁江山，将北方拱手让给金国。高宗本身就不是力主抗金的君主，不免被秦桧的言语打动，秦桧觉察到了高宗的心思，不失时机地呈上谋划已久的"求和书"。高宗认为秦桧深知自己的心意，不禁大为高兴，立即任命秦桧为礼部尚书，之后就升他为参知政事。

窃居相位　独揽朝纲

过河拆桥、忘恩负义是小人的专长，取得高宗的信任之后，秦桧便开始了他的一系列为谋取相位而早已谋划好的计策。他极力排挤掉时任宰相的范宗尹。绍兴元年(1131)八月，秦桧被升任为右仆射同中书门下平章事，兼知枢密院事，终于集军政大权于一身。

秦桧登上相位后，他又设法将左宰相挤出朝廷，一人独揽大权；设置"修政局"，自任提举，收罗党羽，安插其中，逐步培植自己的力量。他嗜权专行，任人唯亲，排斥异己，引起了朝中人士的激烈抨击。再加上宋高宗也因和议未能达成而深感失望，内外压力之下，秦桧于绍兴二年被罢免宰相，贬为观文殿学士，提举江州太平观。

秦桧被罢相之后，人虽赋闲，但贼心不死。这一时期金军在战场上接连失利，无可奈何之际，金朝提出议和，这正中一向期望和议的宋高宗的下怀。在他心中，秦桧一直是他"诚实可倚"的得力助手，于是秦桧又被重新起用。绍兴八年(1138)三月，秦桧恢复相职。

宋高宗赵构

秦桧窃居相位后并未满足。南宋时左相、右相并立，秦桧还不能一手遮天。于是他又发挥了自己的专才，通过一系列权术的玩弄，将朝政独揽手中。

那时秦桧自金国归来之后，拜相没多久，吕颐浩也升任宰相，与秦桧共同执政。秦桧颇不自在，欲夺吕颐浩之权。他使用为政须内外兼修方能中兴之计使得吕颐浩被派往镇江都督府"专治军旅"，而秦桧留在京师"专理庶务"，实际上独揽了朝政大权。后来，吕颐浩将秦桧及其党羽驱逐出朝，并对宋高宗说秦桧为人奸诈。对此，秦桧一直耿耿于怀。所以，当他再次掌权后，趁吕颐浩病重，强迫吕颐浩自台州赴洛阳任西京留守，吕颐浩为此愤激而死。即使是这样，秦桧还没有释怀，反而又命地方官抄了吕颐浩的家，贬了吕颐浩的儿子才罢休。小人之心真是可怕啊！

所以，这次复相位之后，他又大肆排除异己，将反对和议的大臣尽行贬逐，并采纳勾龙如渊提出的"邪说横起，胡不择台官击去之"的意见，奏举勾龙如渊为御史中丞，控制台谏。可以说是一手遮天，只要谁稍有忤逆即予贬黜。

1142年，朝廷举行科考。为了一直永远就这样把持朝廷大权，秦桧授意考官将其养子秦熺选为进士第一，并授以秘书郎，领修国史。秦熺遂自颂其父功德2000余言，向朝廷进建炎元年至绍兴十二年日历590卷。

秦桧为掩盖自己的投降行径，还下令禁刻私史、野史，并将不利于自己的诏书、奏疏统统焚毁，竭尽篡改历史之能事。过了3年，秦熺升为翰林学士兼侍读，又过3年，升为知枢密院事。

秦桧两居相位，久擅威福，连秦府的看门走卒也是盛气凌人，行路之人多看两眼或咳嗽一声，也要遭到呵斥。朝中大臣更是得看秦桧的脸色行事，在他面前大气都不敢出。

卖国投敌　残害忠良

秦桧初任宰相之时，曾凭借"南人归南、北人归北"的主张讨好了宋高宗，后来金使果然要求南宋全部送还北方人，恰与秦桧主张相吻合。这亦说明了秦桧名为宋之大臣，实为金之走狗的真相。

绍兴八年十月，金使携诏书前往南宋。其气焰嚣张到不仅要求沿途地方官员要以臣子之礼来迎接使臣，就连宋高宗都要以臣子之礼接受诏书。秦桧怕得罪金人，劝高宗同意跪拜接诏。消息传出，民情激愤。无奈，接诏书时由秦桧代行跪拜之礼。绍兴九年，秦桧不顾诸大臣的反对，与金使签订宋金和约，割地称臣，宋朝受尽屈辱。

和约签订不满一年，金国发生政变，完颜宗弼上台。绍兴十年(1140)，完颜宗弼率领大军，逼近河南、陕西。但这一次，并不像以往的那样，金军遭受到了前所未有的打击。正面战场上，南宋名将岳飞、刘琦、韩世忠率军抗敌，打得他们落花流水；而此时，北方敌后的义军也掀起了汹涌澎湃的抗金斗争，给金军以沉重的打击。两相夹击，形势越来越有利于南宋。金军内部已矛盾重重，面临着土崩瓦解的危机。爱国名将岳飞趁士气高涨之机，打算一鼓作气，渡过黄河，收复失地。就在这紧要关头，岳飞却接到了高宗要求撤军的旨意，君命难违，岳飞只得遵从。当然，这一切都是秦桧搅的局。

绍兴十一年(1141)，秦桧借口论功行赏，任命韩世忠、张浚为枢密使，岳飞为枢密副使，解除了这些爱国抗金将领的兵权。同时自己又因议和投降有功，官拜左仆射、同中书门下平章事兼枢密使，进封庆国公，后又加封少保、冀国公。

然而，韩世忠、张浚、岳飞等虽被解除兵权，但秦桧还是不放心，特别是岳飞，他成了秦桧的眼中钉、肉中刺。秦桧认为岳飞不死，必将破坏议和，对自己不利，必须杀之而后快。这年十月，秦桧指使谏官万俟卨兴起岳飞之狱，并指使张浚诬告岳飞部将张宪谋反。张宪遂被捕入狱，岳飞、岳云父子也被送到大理寺审讯。岳飞入狱后，自觉光明磊落，起初还据理力争，但当他清楚了审讯官都是秦桧的死党后，就长叹一声道："使吾为国忠心，一旦都休。"任凭拷打，不再说话。随着宋金"和议"的进行，金兀术竟然以杀岳飞作为"议和"的条件。秦桧遂指使党羽罗织罪名，陷害岳飞。韩世忠得知后，气愤地质问秦桧："岳飞父子犯有何罪？"秦桧答："其事体莫须有(莫须有即或许有、可能有之意)。"韩世忠满腔愤懑地说："莫须有三字，何以服天下乎！"绍兴十一年十二月，我国历史上著名的民族英雄终以"莫须有"之罪被奸臣秦桧害死于狱中，牺牲时年仅39岁。岳飞被害的消息一经传出，天下人无不认为这是奇冤，为之痛哭流涕。

粉饰太平　遗臭万年

秦桧为巩固自己的权势，进一步控制南宋朝政，屡兴大狱，株连无数。绍兴二十年(1150)，曹泳告李光作私史，除李光父子之外，朝臣株连者8人，尽遭贬斥。

绍兴二十二年(1152)，又兴起王庶二子(王之奇、王之荀)、叶三省、杨炜、袁敏求四大狱，皆因有人诬告他们犯有"诽谤罪"。绍兴二十五年，也就是在他临死之时还在兴起赵令衿之狱，秦桧在他的"一德格天阁"上写下赵鼎、李光、胡铨三人的姓名，"必欲杀之而后已"。实际上这时赵鼎已死，而秦桧却是余恨未消，所以想杀赵鼎之子赵汾以泄心头之恨。因为秦桧对张浚尤为忌恨，所以在他的授意之下，赵令衿之狱也波及张浚，秦桧还命其死党张柄任潭州(今湖南长沙)知州，与郡丞汪召锡共同监视在永州(今湖南零陵)的张浚。最后，他甚至还强迫赵汾诬陷张浚、李光、胡寅等人谋逆之罪，一共株连贤士53人。

秦桧独霸朝政，在政治上表现出了极大的掌控欲，在经济上，也表现出极大的贪欲，大肆聚敛财富。宋高宗封赏其珍宝珠玩不可胜数，还赐给他不少土地。但秦桧还是不满足，他仿效蔡京，借生日之名，行敛财之实。每年光生日的收入就有几十万两。同时，他还公开卖官鬻爵，对百姓横征暴敛，这些在为政者眼中当是人民蛀虫的行为，秦桧看来却再寻常不过。秦桧的家产已远远不是家财万贯、富甲一方所能形容的，甚至几倍于南宋的国库，敛财之多，令人咋舌。

1155年，秦桧兴起赵令衿之狱，准备全部诛杀张浚、李光、胡寅等人，不料尚未如愿自己反倒病入膏肓。后来，其属吏呈上此案的审理奏疏要秦桧过目签字，病重的秦桧竟无法握笔签字。其妻王氏在屏风后见状，赶忙摇手道："勿劳太师！"出于对张浚等人的仇视，秦桧仍竭尽全力欲落笔批示，终究双手不听使唤，竟致仆倒于茶几之上。绍兴二十五年(1155)十月二十二日，66岁的秦桧因病结束了自己的罪恶生涯。

贾 似 道

贾似道(1213－1275)，理宗、度宗及恭帝时宰相。字师宪。台州(浙江临海)人。贾似道爬上权力的顶峰以后，对内铲除异己、祸国殃民，对外谎冒战功、奴颜婢膝，成为最终断送南宋江山的一代权臣。

浪荡少年　因姐显贵

贾似道的父亲贾涉，曾任淮东制置使的官职，其秉性狡猾，善阴谋诡计。一次，贾涉路过钱塘(今浙江杭州)风口里，见一妇人正在洗衣，且颇有姿色，便跟至其家，买下了她做妾。宋宁宗嘉定六年(1213年)八月八日，此妇胡氏为贾涉在万安县(今属江西)生下贾似道。后来贾涉离开万安县丞任时，只携贾似道相随，胡氏流落在外，嫁给了一个石匠为妻。及至贾似道年长，任两淮制置大使时，才访得其母，竟用计将石匠沉于江中，其手段实在毒辣，以后胡氏跟随贾似道得以享尽荣华富贵。

贾似道少年时，因父亲的去世而一度破落，浪游放荡，不务正业。后以父荫当了一名管理仓库的小官。

直到后来，他的一个同父异母姐姐，被选进宫中。由于容貌出众，很快便受到理宗赵昀的宠爱，绍定五年(1232)十二月，贾氏进封为贵妃，贾似道成了"国舅"。嘉熙二年(1238)，25岁的贾似道居然一举中第，很快便由正九品的籍田令升为正六品的太常丞、军器监。

可谓是"弟以姐贵"，原本是个浪荡公子的贾似道，这下凭着理宗对贾贵妃的恩宠，更是放浪形骸，有恃无恐。每日纵情于烟花柳巷，晚间更是通宵流连于西湖之上，泛舟燕游。有一天晚上，理宗登高远眺，只见西湖中灯火通明，便对左右说："此必似道也。"次日一问，果然言中。

虽然品行不端，生活放荡，不学无术，但贾似道依然官运亨通。刚满32岁时，他就以端明殿学士的身份移镇两淮。宝祐二年(1254)，被召回朝廷，加同知枢密院事，封临海郡开国公。宝祐四年，贾似道当上了参知政事。一年后，又升为知枢密院事。又过一年，改任两淮宣抚大使。

专政擅权　误国误民

端平二年(1235)，蒙古灭金后，挥兵直指南宋。宝祐六年(1258)春，蒙古蒙哥汗决定以4万之众兵分三路全面侵宋，旨在消灭南宋。开庆元年(1259)正月，蒙哥汗所率主力围攻合州(今属四川)，由于宋军的顽强抵抗，蒙军久攻不下，迫使其主力转攻重庆。七月，蒙哥汗在合州钓鱼山被宋将王坚的炮石击中，重伤而死。四川的蒙军只得退去。九月，蒙哥汗的弟弟忽必烈所部东路蒙军抵达长江沿岸。按理说，元首死去，部下应该垂头丧气退回才是。但是蒙哥汗的弟弟忽必烈却恰恰相反，此时，他更是信心百倍地准备攻城，希望凭借显赫的战功来夺得蒙古大汗的宝座。于是从阳逻堡(今湖北黄冈境)渡江，进围鄂州(今湖北武汉市武昌)。

长江重镇鄂州被围的消息传至临安(今浙江杭州)，宋理宗大惊，命令贾似道驻扎在汉阳的兵力赶快增援鄂州，任贾似道为右丞相兼枢密使，仍兼京湖、四川宣抚大使，以吴潜为左丞相兼枢密使。在鄂州城防备加强之后，鉴于鄂州以东比较空虚，丞相吴潜命贾似道移防鄂州下游要地黄州(今湖北黄冈)。

贾似道本来就不是什么治国良相，更谈不上运筹帷幄统帅千军万马，在强大的蒙古军队面前，他只是个贪生怕死的无能之辈。

忽必烈在围攻鄂州时，战事特别激烈。蒙军多次击破鄂州的城门，但都在守城将士的拼死抵抗下，才使得鄂州没有惨遭沦陷。鄂州久攻不下，忽必烈又准备进军临安。这下可吓坏了身为统帅的贾似道，并私自派人向忽必烈求和，表示愿意割江为界，对蒙称臣，每年交纳银、绢各20万，忽必烈不予答应。开庆元年(1259)十一月，蒙古诸宗王在漠北策划拥立阿里不哥为汗。急于北归争夺汗位的忽必烈，就势答应了贾似道的求和条件。

开庆二年正月，蒙军主力北撤之后，贾似道却上演了一场抗蒙获胜的闹剧，用水军袭杀了负责殿后的170名蒙古兵。

援鄂之战后，贾似道隐瞒了私自求和的真相，向朝廷献上所俘杀的蒙古士兵，声称蒙古军队全被消灭。

被蒙在鼓里的理宗哪里知道还有割地、称臣、赔款的和约，真以为贾似道为宋朝社稷立下了天大的再造之功。于是在景定元年(1260)三月，理宗以少傅、右丞相召贾似道回朝廷，并命满朝文武百官到京郊迎接贾似道"凯旋"。四月，晋升贾似道为少师，封卫国公。

这下，贾似道成了理宗身边的股肱之臣。加之手握重权，贾似道便露出了专横霸道、穷凶极恶的丑陋嘴脸，开始诬陷打击那些曾与他有矛盾的朝臣们。当时，蒙古军队曾攻到潭州，江西大震，丞相吴潜将贾似道调往要冲重镇黄州(湖北黄冈)防守。贾似道在途中遇上一股蒙古兵，简直害怕得要死，然而这些都是些老弱病残，很快就被宋军歼灭，即便如此，他也一直认为这是吴潜在害他，从此便怀恨在心。还朝以后，贾似道听说宋理宗已经对吴潜相当不满，便乘机指使爪牙沈炎弹劾吴潜，将他贬到循州(广东龙川)，并将所有追随吴潜的大臣都扣上"党人"的帽子，贬出朝廷。在鄂州时，将领曹世雄、向士璧曾经对贾似道的行径表示过轻视，贾似道就给他们加上"盗取官钱"的罪名，贬谪到边远穷困的地方去，最后迫害致死。为了大权独揽，专享殊荣，贾似道还设法将宋理宗向来宠信的宦官内侍董宋臣、卢允升及其党羽贬黜出朝，禁止他们干预朝政。最后，贾似道甚至肆意更改各种法律和规章制度，以巩固自己的地位。

胡作非为　搜刮民财

在贾似道的专政之下，南宋朝廷的危机日益加重，不仅国库空虚，而且军队粮饷严重不足。满朝文武，多是中饱私囊、挥霍无度之辈，朝政在他们的把持之下，污浊程度可想而知。为与蒙古作战，需筹措军饷，供养大量的军队，贾似道决定实行"公田"法。即按官品限定占田数，将两浙、江东、江西的官户超过限额的田数，由官府抽去三分之一，买回作为公田出租，然后以公田租米充作军粮，占田200亩以下者免买。但各地官府在买田时，或争相多买，强迫200亩以下的小地主卖田，又随意压低田价，或虚报"公田"数，官租照样由农民交纳，这种做法使得浙西路民众破产甚多，农民负担大大加重，从而使得朝廷与民众的矛盾激化。回买"公田"，使南宋政府从民间掠得了大批粮食，人民的生活更加痛苦不堪。

为了搜刮民财，贾似道还滥发纸币，企图用这种方式将入不敷出的国库从困窘状态中解脱出来。然而这些新纸币的不断发行，并不能令纸币增值，反倒使通货膨胀，物价飞涨，造成市井萧条，城市工商业受到破坏，广大民众生活更其艰难。

景定五年(1264)，宋理宗病逝，贾似道拥立宋度宗即位。这时贾似道的权势已是如日中天，就连度宗对贾似道也是感激涕零，两人相见竟不行君臣之礼。可他还要施展特有的手腕，故弄玄虚。当贾似道结束理宗的丧事后，竟弃官返回自己在绍兴(今属浙江)的私宅，暗中又指使人谎报元军将要来袭的消息。朝中顿时人心惶惶，无能的度宗和谢太后立即手诏请贾似道复职，并特拜他为太师，封魏国公。可知贾似道完全是将皇帝如同戏偶一般玩弄于股掌之间。

咸淳三年(1267)二月，贾似道再次故伎重演，向度宗提出要返乡休养，度宗又慌了，一天四五趟地派大臣、侍从去传旨挽留，还施以各种赏赐物品，直到授以贾似道平章军国重事，派左、右丞相轮流替他掌印，许他三日一朝，才将其挽留下来。原本贾似道在西湖已有理宗赐与的集芳园，这原是高宗用过的旧所，有楼阁堂观数十处，尤以半间堂、养乐园最为出名，这次度宗又在西湖葛岭赐给他私宅一所，令他在此休养。从此贾似道不到都堂议事，而由胥吏抱着文书送到葛岭私第请示，大小朝政皆由廖莹中和翁应龙办理，宰执形同虚设，仅在公文纸尾署名而已。

由于皇帝的宠信，贾似道几乎过起了比皇帝还醉生梦死的生活。贾似道喜欢玩赏书画和各种奇玩珍宝，家藏名迹多至千卷，其中宣和、绍兴间的秘府故物，多是乞请得之。一次，当他得知余玠有一玉带就前去索要，但不想玉带已随棺殉葬，贾似道竟不惜开棺掘取到手。如果他人有珍宝而自己难以得手，则借他事开罪于人。贾似道在西湖别墅中建有"多宝阁"，令各地官员进献珍奇异宝，每天选择一个登临游玩。

兵败鲁港　死有余辜

咸淳九年(1273)初，被元军围攻达5年之久的南宋重镇襄阳(今湖北襄樊)终于失陷，南宋朝野大为震动。当初襄阳被围时，贾似道曾装模作样地要亲往救援，暗地又指使党羽上书阻留。等到襄阳失守后，贾似道将其失守的原因推至先皇理宗的头上，说是理宗当初阻止他去救援。襄阳失守后，国家存亡受到严重威胁，许多大臣纷纷献策，然而，贾似道却置南宋王朝存亡于不顾，不仅不加布置边防问题，反而把上书者罢免流放，继续文过饰非，过着歌舞升平的享乐生活。

咸淳十年七月，宋度宗去世，贾似道立年仅4岁的赵㬎为帝。不久鄂州守将程鹏飞投降，元丞相伯颜率军东下。由于沿途宋军早已疲惫至极，无力应付，所以元军一路长驱直入，临安城局势危急。在太学生的强烈要求之下，贾似道只得率军出征，来到芜湖。谁知他又用了当年对付忽必烈的那招，先派人馈送荔枝、黄柑等水果美食给伯颜，又派宋京到元军中请求称臣纳币，但遭到伯颜的拒绝。在元军的强大攻势下，宋军主力损失殆尽，贾似道只身逃回扬州。

如此误国误民的奸臣贾似道，在众多官员的激愤要求下，被朝廷罢了官。然而，众愤难平，朝廷的从轻发落遭到天下人的一致反对，太学生及台谏、侍从官强烈要求斩杀贾似道。贾似道看到众人的气愤之举非比寻常，不禁有些担心，上表乞求活命，并将鲁港兵败之责全部推给孙虎臣、夏贵。众怒之下，朝廷将他降三级官职，流放婺州(今浙江金华)，但贾似道早已臭名昭著，婺州民众到处张贴通告，拒绝让他入境。朝廷又将他改放建宁府(今福建建瓯)，但朝臣中有人认为，"建宁乃名儒朱熹的故里，虽三尺童子粗知向方，闻似道来呕恶，况见其人！"在朝臣不断的口诛笔伐之下，朝廷只得将贾似道贬为高州(今广东高州境内)团练副使，到循州(今广东龙川)安置，并抄了他在临安和台州的家。

押送贾似道到循州的是会稽县尉郑虎臣。郑虎臣果然不负众望，一上路没多久，就立即赶走了贾似道所带的十几个侍妾，行至途中，郑虎臣又撤去贾似道轿子上的轿顶，让他暴晒于秋初的烈日中。轿夫也以杭州方言唱歌，嘲骂贾似道。途中一日，他们在一所古寺歇了下来，墙上有因贾似道迫害而流放过此的吴潜的题字，郑虎臣怒曰："贾团练，吴丞相何以到此？"贾似道无言以对。乘船行至南剑州黯淡滩时，郑虎臣暗示贾似道，这里的水很清，可以自尽。然贾似道仗着太皇太后的庇护，不肯寻死，企望能躲过风头，说："太皇太后许我不死，有诏即死。"九月，走到距漳州(今福建漳州)城南五里处的木绵庵时，贾似道多次腹泻，郑虎臣不肯让他多活，遂就此将蹲在便桶上的贾似道处死，结束了他恶贯满盈的一生。贾似道死后不久，南宋都城临安被元军攻破，四年后(1279)，南宋灭亡。

文 天 祥

文天祥(1236－1283)，理宗朝右丞相，恭帝朝工部尚书。字履善，又字宋瑞，号文山。吉州庐陵(今江西吉安)人。其父文仪，母曾氏。文天祥是南宋末年抗金名将、爱国诗人。

少年有志　为官出色

南宋抗金名将文天祥，字宋瑞，又字履善，江西吉州庐陵县人，南宋端平三年(1236)，出生于一个平民家庭。父亲文仪是个读书人，对于经史子集，无不通晓，天文、地理、医药、占卜等书，都广为涉猎，在乡邑中以有学问著称。良好的家庭气氛，加上严格的家庭教育以及名师教导，使得文天祥在少年时候，就已读了很多书，对经史的钻研成就尤大。

理宗端平元年(1234)文天祥出生的前两年，金朝灭亡后，蒙古发动了征服宋朝的战争，从此，整个汉室江山沉浸到了被北方少数民族侵略攻打的惨状之中。

文天祥便是在这样的环境中，一天天地长大。对于严峻的时局，聪敏而关心时政的文天祥深为忧虑。有一天，他怀着沉重的心情信步来到吉州学宫，看到欧阳修、杨邦乂、胡铨这几位本朝先贤的遗像，不禁肃然起敬。他暗下决心，要以他们为榜样，做一番事业。当时他还在县学读书。不久，他转入白鹭书院拜德高望重的书院院长欧阳守道为师。在欧阳守道的教诲下，文天祥学业大进，品德也受到锻炼，更加成熟了。宝祐三年(1255)，20岁的文天祥考中吉州贡士，取得了参加进士考试的资格。第二年，文天祥到南宋的首都临安(浙江杭州)应考。黄榜张贴出来后，文天祥考取了一甲第一名——状元及第。不幸他父亲文仪病逝于临安，文天祥随即扶柩还乡，在家为父守丧。

开庆元年(1259)，文天祥被任命为承事郎，签书宁海军节度判官厅公事。从此开始了他艰辛坎坷的仕途生涯。九月，由忽必烈率领的蒙古军队突破了长江天险，进而包围了鄂州。南宋朝廷上下震动，人心惶惶，不知如何应对。董宋臣等贪生怕死的投降派主张逃跑，建议迁都四明(今浙江宁波)。力主抗元的文天祥毅然上奏宋理宗，请求斩董宋臣以安民心。可惜他的奏疏呈上去后，就像泥牛入海，杳无音信。

文天祥

景定四年(1263)十二月,做了一年京官的文天祥出知瑞州(今江西瑞安)。3年前,瑞州曾遭一股蒙古兵的烧杀掠夺,此时已是残垣断壁、景况萧然。由于当地郡兵目无法纪,经常对百姓进行骚扰,遂招致当地地痞流氓亦趁机兴风作浪,危害百姓。文天祥到任后,抓住了一批罪大恶极者处以重刑,并公布了很多法令,秩序很快安定了下来。在一年的任期内,他为当地百姓做了很多实事,深受百姓爱戴。

次年,宋理宗驾崩,宋度宗即位,改元咸淳。文天祥被提升为江西提刑,主管司法、刑狱、监察,兼司农桑。因其仗义平反冤案而遭人诬陷被奏劾罢官。文天祥一时心灰意冷,决意遁隐山林,居于文山。两年后,即咸淳二年(1267)九月,朝廷又起用文天祥为吏部尚书左郎官,他几次推辞没有获准,只得去赴任。但文天祥仅上任一个多月,就遭嫉忌被参弹,罢职再回文山隐居。这年冬天,朝廷刚任命他为福建提刑,马上就有人站出来攻击,朝廷又收回了成命。从这反复的周折可以看出,文天祥确实在朝中得罪了权贵小人。

咸淳五年(1269)三月,诗人江万里出任左丞相,他一直很器重文天祥的才能,便于四月起用文天祥出知宁国府,一年后又调任军器监兼崇政殿说书、学士院权直、玉牒所检讨官。文天祥再次步入仕途,但那时是小人当道、君子被害的时代,因此等待文天祥的依然是打击、诽谤、谗言。就在他被提任几个月后,因为在为皇帝起草诏书时不小心触犯了权奸"太师平章军国重事"贾似道,被亲贾的御史弹劾罢官。但是,咸淳九年(1273)正月,他又被任命为湖南提刑,渴望能有机会一展抱负的文天祥只得打点行装重新上路。这年冬天,文天祥申请调回江西本省,以便照顾祖母和母亲。获准令下来后,他便回到了江西,为赣州(今属江西)知州。

起兵勤王　誓死抗元

咸淳十年(1274)年七月,宋度宗去世,其幼子赵㬎继位,即宋恭帝。由于恭帝只有4岁,因此朝政全由太皇太后谢氏主持。同年十二月,元军攻破鄂州,南宋军情危急。十二月二十一日,太皇太后下了一道"哀痛诏",号召各路军民起兵勤王,保卫京师临安。

由于南宋政治早已是腐败不堪,奸臣当道,是非颠倒,统治政权风雨飘摇,所以,各地将官都不怎么买她的账,再加之元军兵锋所指,锐不可挡,因而个个都袖手旁观。响应这个号召的,只有文天祥和张世杰两人。

元军继续沿江东下,群臣、太学生纷纷要求奸相贾似道率兵抵抗。迫于形势,贾似道不得不亲自出征。他抽召各路精兵13万,舳舻相衔百里,于二月间到达芜湖，和从鄂州败退下来的夏贵会合。伯颜、阿术从江北、江南两路夹攻，结果大败南宋水陆二军。宋军被杀溺而死的不可胜数，以致江水都染红了。贾似道乘小船从鲁港逃到扬州，后来被罢了官。三月初，伯颜大军进占建康（今江苏南京），镇江、江阴等地官吏都望风而逃，威迫临安的形势已经形成，临安第一次实行戒严。

这期间，文天祥在江西全省召集义士，征集粮饷。将家中老母送往惠州交由弟弟奉养，并捐出全部家产充作义军费用。到了四月，10000多名义师已经集中在吉州整装待发，准备火速入京，然而知枢密院（主管军队）兼参知政事（右丞相）陈宜中却从中阻梗，说文天祥是"猖狂"，他的行动是"儿戏无益"，要他留屯隆兴府（今江西南昌）。直到七月间，战事更加紧张，朝廷才颁旨催促文天祥率兵入京。八月十七日，诏令文天祥为工部尚书，兼都督府参赞军事，勤王军抵达临安时已是八月下旬了。

文天祥做了到前线和元军决战的准备，而丞相陈宜中、留梦炎却畏敌如虎，积极策划议和。文天祥上疏说："朝廷姑息牵制的用意多，奋发进取的主张少，乞斩投降派人物吕师孟，以振作将士之气。"并建议把东南一带划分为四镇，给地方官以实权，让他们去收复失地。陈宜中、留梦炎不加理睬，文天祥十分愤慨。由于常州告急，平江（今江苏苏州）受到威胁，文天祥率领勤王军到平江前线作战。

勤王军在初次作战中表现非常英勇，除守卫平江外，文天祥还派出3000人支援常州。淮军将领张全不能很好配合，让勤王军孤军作战，勤王军在兵力悬殊下，仍然夜以继日地和元军浴血苦斗。有一支由尹玉率领的赣州义军共500人，遭到元军的日夜合围，一直前仆后继进行冲杀，结果除几人冲出外，其他全部壮烈牺牲。

浩然正气　英勇就义

但是由于文天祥的义军与强大的元军相比，实在太过悬殊。常州沦陷，平江失守，元军兵临城下。以太皇太后为首的南宋王朝决定向元军称臣纳贡，以存宋室宗庙。景炎元年（1276）九月二十日，文天祥怀着极其复杂的心情受命出使元营，向元军统帅伯颜呈上太皇太后亲笔签名的降表，伯颜接受降表，南宋朝廷正式投降。伯颜胁迫宋朝一批大臣作"祈请使"，奉表到大都面见元世祖忽必烈。文天祥也一同前往，但他没有使节的身份，形同囚徒。

护送"祈请使"的元军一路对他们非常"客气"，竭尽全力地侮辱、讽毁。他们一行从临安出发，沿运河北上，经杭县到平江。又经无锡、常州，走了10天才到镇江。第二天，渡江到瓜洲去拜见元军元帅阿术。一些大臣竭力奉承，唯独文天祥怒目而视，始终不发一言。阿术也看得出来，不过没有采取什么行动。经过周密的计划，文天祥和他的随行人员准备在元军到达镇江稍作休息时逃跑。由于元军江防极严，所有船只都被管制。到了第9天，他们才有了机会，有一个船户因敬重文丞相，甘愿冒死送他们到真州（江苏仪征）。在一个月黑风高的夜里，他们从镇江逃脱，来到真州。

由于元军施反间计，诬说文天祥已降元，两淮制置使李庭芝信以为真，误认为文天祥是来说降的，文天祥不得已又逃出真州。此时他听说度宗的两个儿子（即恭帝的两个兄弟）已逃到福州，于是立即上表劝进。文天祥被诏至福州，任右丞相兼枢密院事，后又命为同都督。七月，文天祥便在南剑州（今福建南平）招兵买马，再举义旗，计划以闽赣为基地恢复发展。

1277年三月，文天祥统兵进军江西，收复南部数十州县，同时围困赣州，湖南、湖北皆起而响应，震撼了江南，鼓舞了人民的反侵略意志。文天祥的胜利引起了敌人的重视，他们忙调40万大军来解赣州之围，另派兵5万追击文天祥。八月，元军调江西宣慰使李恒猛扑督府军，义军在永丰县空坑这个地方遭元军突袭，文天祥寡不敌众率军北撤，败退庐陵、河州（今福建长汀），损失惨重，妻子儿女也被元军掳走。

空坑兵败，宋军元气大伤，但文天祥并没有因失败而丧失斗志，他的信心一如既往地坚定。1278年十一月，文天祥收拾残军，加以扩充，移兵广东潮阳，结果十二月二十日在海丰北五坡岭遭元军突然袭击，兵败被俘。文天祥决心以身殉国，当场吞下早已准备好的二两冰片，但因药力失效而没能成功。文天祥被俘后，打定主意，只求一死而不求苟生。降元的张弘范劝降，结果遭到文天祥严词拒绝。他以《过零丁洋》一诗表明自己的心声。

1279年十月，元朝宰相阿合马来文天祥囚所劝降，文天祥长揖就坐，不把他放在眼里。阿合马劈面喝问文天祥："见了宰相为何不跪？"文天祥说："南朝宰相见北朝宰相，凭什么要跪？"阿合马见文天祥威武不屈，便讥讽地说："那你怎么会来到这里呢？"文天祥正言厉色回答说："南朝若早用我为相，你去不了南方，我也不会到你这里来。"阿合马无言答对，色厉内荏地环顾左右说："此人生死由我……"文天祥立即打断他的话，正义凛然道："亡国之人，要杀便杀，说什么由不由你！"阿合马自知没有劝降文天祥的本事，只好灰溜溜地走了。

之后，元丞相孛罗前来审问文天祥。孛罗想让文天祥对他行跪拜之礼，但遭到文天祥的拒绝，即使左右用武力强使文天祥作跪拜状，文天祥被拽倒后还是拼死坐在地下，始终没有屈服。他凛然说道："天下事，有兴有废，自古帝王以及将相，灭亡诛戮，何代无之？天祥今日……至于此，幸早施刑。"孛罗见文天祥宁死不屈，只好命人再次把他投入监牢，囚禁折磨达3年之久，并以其妻女及其弟弟相威胁，以迫使他降元。但文天祥依然没有动摇，即使亲人的安危牵动着他的每一个神经，但国破家亡的仇恨却支持着他不能失去大丈夫所应有的气节。在狱中写下了著名的诗篇《正气歌》，颂历史人物不朽业绩，抒"是气所磅礴，凛烈万古存，当其贯日月，生死安足论"之志向。

文天祥忠贞不屈的精神使元朝统治者大为头疼，亦大为赞赏！就连皇帝忽必烈也亲自前来劝降，并以宰相之职作为诱饵，妄图使文天祥投降，但也遭到了文天祥的严厉拒绝。忽必烈问他究竟想要什么，文天祥回答说："愿以一死足矣！"他的言行使元朝统治者最终打消了劝降的念头，决定处死他。

1283年一月九日，文天祥被绑至大都柴市处死。临刑，他向着南方故国和苦难的百姓恭敬地行了跪拜之礼，说："臣报国至此矣！"然后引颈就戮，从容就义。终年47岁。

耶 律 楚 材

耶律楚材(1190－1244)，元代杰出的政治家，太祖、睿宗、太宗三朝宰辅。字晋卿。父耶律履，曾任金朝尚书右丞，母杨氏。耶律楚材作为元朝的奠基者之一，其德其才可与许多中原名臣相提并论，更可使同时期的南宋权臣汗颜。他披肝沥胆地为蒙古用兵金、宋和远征西域运筹划策，为元王朝的创建立下了汗马功劳。他呕心沥血地为蒙古立国中原定制度、劝农桑、兴文教，使武功极盛的军事帝国又收文治之效。死后追赠太师、上柱国，追封广宁王(一说懿宁王)。谥号"文正"。

出生乱世　万里西征

耶律楚材的父亲耶律履，是金代的著名学者，在金世宗时任尚书右丞。耶律楚材3岁时，父亲不幸去世，幸得其母杨氏良好的启蒙教育，加上他天资聪慧，自幼勤学苦读、博览群书，待至青年时期，不仅在天文、地理、律历、术数等方面颇有造诣，且深谙儒学，并精于佛道、医卜之说。耶律楚材多才多艺，善抚琴，好吟咏，更精通汉文，写作潇洒自如，而且文思敏捷，下笔成文，出口成章。

金章宗太和六年(1206)，年仅17岁的耶律楚材在应试中脱颖而出，授掾吏之职。从此，步入仕途，开始了他的政治生涯。

金宣宗贞祐二年(1214)，为了逃避蒙古南下的威胁，金主完颜永济把首都迁往南京(今开封)，耶律楚材的全家也随同南下，而他本人则被任命为左右司马员外郎，协助金国右丞相完颜承晖留守中都燕京。当时，耶律楚材名义上的职务是分掌尚书省所属六部的日常章奏，实际上只不过是一种寄禄官，并无实际职权，只是白拿钱吃闲饭，不干事。不久，蒙古兵围困燕京，形势越来越紧张。耶律楚材被困城中，绝粮60余日。蒙古太祖十年(1215)五月，城被攻陷。从此，耶律楚材便与金政权和家人失去了联系。

耶律楚材

耶律楚材眼看金朝的大势已去，国破家亡，前途渺茫，便"将功名之心束之高阁"，拜万松老人（行秀）为师，学习佛理。此后，耶律楚材杜绝人迹，屏斥家务，专心一意，进行参禅，虽遇大寒大热，也从不间断，焚膏继晷，废寝忘餐，没日没夜地修炼了3年，终于参透了禅理，接受万松老人授予的显诀，成了燕京城中著名的佛教信徒。不过，遁世脱俗并不是他的最高理想，致主泽民才是他的根本志向。他认为，"穷理尽性，莫尚佛法；济世安民，无如儒教。"简单地说，就是"以佛治心，以儒治国"。

蒙古太祖十三年(1218)，成吉思汗在南征北战过程中，逐渐感到人才的重要。为了征服战争的继续进行和扩大，他需要各种人才。这时，打听到在他统治下的燕京城中，有个博学多艺的耶律楚材，便派专使前来礼聘。耶律楚材在燕京城中已经3年了，过着隐居的生活，除了礼佛参禅而外，无事可干。这时得知有雄才大略的成吉思汗要召见他，感到是一个图谋进取的好机会，便欣然前往应召。耶律楚材学识渊博，很快受到成吉思汗的宠信，并亲切地称呼他"长胡子"。

蒙古太祖十四年，成吉思汗准备集中精锐之师进行西征，攻打花剌子模国。在西征开始的前一年春天，成吉思汗特地派人到燕京，召请耶律楚材随军西征。耶律楚材慨然上路。成吉思汗西征出师的那天，时值夏六月，却忽然狂风骤起，黑云密布，转瞬间大雪纷飞。成吉思汗顿时心生疑虑，不知吉凶，于是立即把耶律楚材召至帐前，卜问吉凶。耶律楚材巧妙地利用包括成吉思汗在内的蒙古将士对天文、星象知识了解甚少又非常迷信的心理，以及蒙古军人对花剌子模国的行为义愤填膺、誓死雪耻的军心，毅然断言："隆冬肃杀之气见于盛夏，这正是我主奉天申讨，克敌制胜的好兆头。"耶律楚材一句话吹散成吉思汗心中的疑云，使得成吉思汗转忧为喜。于是成吉思汗发10万大军，离开也儿的失河（今额尔齐斯河），奔西南越过天山，向花剌子模国杀去。由于成吉思汗谋划有方，加之全军上下同仇敌忾，蒙古军迅速占领了整个花剌子模和中亚。

此次西征大胜，成吉思汗认为与耶律楚材的卜吉有关。从此，凡他出战，总是让耶律楚材随侍身旁，预测吉凶成败，参赞军政大事。耶律楚材也正是利用这种机会，运用自己的文韬武略，阐发自己的真知灼见。

整肃国政　大力改革

蒙古太祖二十二年(1227)的冬天，耶律楚材在经过长达10年之久的西征之后，回到了燕京。

同年七月，成吉思汗病逝，成吉思汗的四子拖雷代理国政。这次，耶律楚材回到燕京，就是奉了拖雷之命，前往搜索经籍的。耶律楚材对图书经籍，素来就很爱好。上一次蒙古军攻下灵武(今属宁夏)，诸将争相抢掠子女财币，耶律楚材却只收图书和药材，人们都以为无用。不久，军中流行疾病，耶律楚材所收的药材救活了几万人，人们又惊以为神。大概因此也引起蒙古贵族对图书的重视。燕京是辽金两朝的旧都，图书经籍很多，又是耶律楚材的故乡。派耶律楚材到燕京搜集图书，是最合适不过的。

同时，耶律楚材在燕京又发现那里道教的势力极度膨胀，好多佛寺都被改为道观。耶律楚材认为都是小人之辈的鼠窃狗盗行为，是严重的违法乱纪，应该处以严刑。他最后表示，应该找一个更为稳妥的办法，使"三圣人"之道，能够像权衡一样，不偏不倚，平等地共同发展，用佛教的"因果之诚化其心"，用道教的"慈俭自然之道化其迹"，用儒家的"君君臣臣父父子子之名教化其身"，太平之世就指日可待了。这当然只是耶律楚材追求的理想，在现实生活中是很难做到的。

当时，蒙古最高统治者忙于东征西讨，对那些业已归顺蒙古的州郡缺乏完善的社会组织和法律制度，因此派往各州郡的长吏，便生杀任情，奴人妻女，掠取货财，兼并田地，无所不为。其中，燕京留后长官石抹咸得卜尤为贪暴，杀人如麻，市场挂满了示众的人头。面对如此混乱的政治局面，耶律楚材万分焦急，立即上奏朝廷颁发律令，各州郡如果没有奉到盖有皇帝玉玺的文书，不得擅自向人民征发，囚犯需判死刑必须上报，违背这项命令的，其罪当死，决不轻饶。律令的陆续颁发，使各地的贪暴虐之风有所收敛，社会秩序也初步安定下来。

当时，燕京城中社会秩序混乱，盗贼猖獗，每天傍晚，尚未天黑，就有一些盗贼驾着牛车闯入富家，搬取财物，如果反抗不与，则杀人劫货而去，谁也不敢阻拦追究。如此明目张胆地为非作歹、杀人越货，看来绝非一般盗贼，这其中必有内幕，于是拖雷特派中使塔察儿偕同耶律楚材前往查治。耶律楚材经过仔细查访，很快便弄清了这些强盗的底细。耶律楚材在掌握了大量证据的基础上，毫不手软，将他们一网打尽，投入监狱。这些人的家属贿赂中使，准备从轻发落。耶律楚材知道后，晓以利害，中使害怕了，只得听从耶律楚材的意见，依法处理，最后结案，将16个罪大恶极的首犯，绑赴刑场，斩首示众。从此以后，巨盗绝迹，

成吉思汗

燕民始安，社会效果很好。

成吉思汗二十四年，睿宗拖雷已监国两年，按照成吉思汗的遗命，帝位应传位太祖三子窝阔台，但时至今日，拖雷仍没有表现出将要移交权力的任何迹象。汗位虚悬或错置，于国于民都不利。于是，耶律楚材与窝阔台面议，商量尽快召开"库里台大会"，决议汗位。

元太宗窝阔台

是年秋天，成吉思汗本支亲王、亲族齐集克鲁伦河畔议定汗位的承继人。会议开了40天，仍议而未决。耶律楚材认为此事不可久拖了，便亲自力谏拖雷："推举大汗，这是宗庙社稷的大计，应该早日确定。"拖雷不好再敷衍下去，这样窝阔台就即了汗位，是为元太宗。

整理赋税　恢复经济

蒙古族是草原游牧民族，正处于氏族社会向阶级社会转化的发展时期。成吉思汗仓促建国，各种制度虽然初具规模，但是极不完善，在许多方面还很落后。随着征服战争的胜利，统治地区的扩大，原来的某些制度和做法，很难适应"汉化"地区高度发达的封建社会的需要，一场涉及政治、经济、文化等各方面的改革，迫在眉睫。窝阔台汗是比较开明的，决心采用"汉法"，耶律楚材便成了他重要的参谋和助手。在进行政治改革的过程中，耶律楚材提出了许多有益的建议。窝阔台汗言听计从，制订出一系列重要的政策和制度。

窝阔台汗六年灭金之后，蒙古君臣计议编制中原民户，以便征收赋税。经过再三争议，最终还是依照耶律楚材的建议实行赋税的征收。这样，用老、幼牵制着青、壮，使初步编制的户口比较稳定地存在下来。往年，蒙古将相大臣每俘获人户，往往留在自己所经营的州郡作为私产。耶律楚材奏请核查全国户口，使之隶属郡县管理；停止以往实行的将土地人民分给蒙古贵族的做法，禁止贵族匿占民户，违令者杀。

窝阔台汗八年秋，忽都虎献上各地户籍。窝阔台一时忘乎所以，竟许诺把部分州县赐给各亲王和功臣。耶律楚材对此陈述了分封之害："裂土分民，易生嫌隙。不如多以金帛赠予亲王功臣。"可是窝阔台既已许诺，帝王金口玉言，实难反悔。耶律楚材便为之想了个变通办法："受封州县的亲王和功臣，可以像朝廷任命的州县官吏一样，照例征收贡赋，但由州县收入金帛谷物数量，使之不得擅自课征。"窝阔台依计而行，遂确定了财政税收办法及数额。这样，蒙古在以畜牧业为主转向农、牧各业并重的经济轨道时，逐步健全了税收制度，形成了按户、地、丁三者并行课税的制度。耶律楚材还着手制定了手工业、商业和借贷等各项制度。

蒙古灭金后，大批百姓掠为俘虏，但是在返回途中竟然逃跑了八成。窝阔台汗一时气恼下令严查："收留逃民及资给饮食者，皆死。无问城郭保社，一家犯禁，余并连坐。"此令一下，立即引起了广大百姓的惶骇不安，一旦被俘，即便是父子兄弟也不敢相认，逃民无所寄食，多死于道路。耶律楚材对窝阔台汗说："十多年来，我们执行存抚百姓的政策。因为百姓是很有用处呵！现在我们已经统一了中原，他们还能逃到什么地方去呢？岂能因为一个俘虏，便把数十百人连坐处死呢！"窝阔台汗翻然悔悟，马上将禁令解除。不过，当时诸王大臣将校在战争过程中，仍然将大批人民掠为驱口，动以万计。驱口的身份很低，任凭主人驱使买卖，毫无人身自由可言。这不仅是对劳动力的摧残，而且也减少了国家的财政收入。耶律楚材于是奏请下令：凡属驱口"并令为民，匿占者死"。大批驱口被释为民，地位提高了，对发展农业生产当然是有好处的。

蒙古贵族为了获取巨利，曾委托回回商人发放高利贷，年息百分之百，一锭银10年后本利可达1024锭，时称羊羔息，很多人为了还贷以致倾家荡产，甚至家破人亡。耶律楚材奏请："子母相侔，更不生息，"使高利贷势力稍有抑制。当时政府官员为了增加财政收入，竟然和商人们相互勾结承包了全国的课税、差发，甚至连地基、水利、河泊、桥梁、渡口也承包了。这种把国家财政经济命脉全都交给商人的做法贻害无穷。耶律楚材说："这是贪利之徒，罔上虐下，想出来的恶主意，为害甚大，决不能干。"于是奏请窝阔台汗将其罢除。

极诤巧谏　忧国而死

蒙古大汗对耶律楚材的奏议，言听计从者不乏其例，而不听不从者也不胜枚举。有一次，两个道士互争尊长，各立门户，私结党羽。其中一个门派勾结宫中宦官和通事大臣杨惟中，捕捉并虐杀另一门派的道徒。耶律楚材执法严明、不避亲贵，将杨惟中逮捕入狱，关押候审。宦官害怕杨惟中供出自己，惹火上身，反而向窝阔台控告楚材擅捕大臣。窝阔台一怒之下，竟将耶律楚材关入监牢。不久窝阔台自悔失策，下令释放楚材。耶律楚材拒绝松绑，并进言道："我是国家大臣，执掌国政，大汗命令囚禁老臣，想来有可治之罪，应当明示百官，论述不赦之理。如今放我，是我无罪，也应明示无罪之由，岂能轻易反反复复，如同儿戏。这样下去，国有大事，何以执行！"一番话使朝中众臣既相顾惊愕，又十分佩服。窝阔台竟也开明，当场认错说道："朕虽然是皇帝，难道就无过失之举吗？"然后，再三用温言抚慰。楚材趁此机会陈奏时务十策："信赏罚；正名分；给俸禄；官（任用）功臣；考殿最（考查官吏优劣）；均科差（调整赋役）；选工匠；务农桑；定土贡；制漕（水）运。"这十件政事切合时务，窝阔台准令悉数施行。

蒙古族自古盛行饮酒之风，窝阔台更是嗜酒如命，每日酣饮，不醉不休。耶律楚材屡谏而窝阔台不听。后来耶律楚材拿着被酒浸泡腐蚀的酒器，启奏说："酒能腐蚀铁器，何况五脏！"这使窝阔台翻然醒悟。他对着近臣夸赞说："你们爱君忧国之心，有像'长髯人'的吗？"于是一方面赏赐耶律楚材金帛，一方面下令近臣，每日只能进酒三盅。

元太宗十三年(1241)，窝阔台汗逝世，乃马真皇后称制，宠信奥都剌合蛮，用重贿买通乃马真皇后，得以专政用事，一时权倾内外，不少贵族畏惧其势，争往附之。耶律楚材眼见政事日乱，不忍心撒手不管，只要发现有"不便于民"的事，还是站出来仗义直言，更引起了某些人的不满。一次，乃马真皇后将盖了御宝的空白纸，交给奥都剌合蛮，让他任意填写，擅发政令。耶律楚材知道后说："天下本来就是先帝的天下。朝廷自有宪章，必须遵守，不按宪章办事，就乱了法，这样的诏令我不敢奉行。"乃马真皇后又下旨："奥都剌合蛮提出的建议，令史如果不办，断其手。"耶律楚材说："国家大事，先帝全都委托老臣处理，令史没有责任。事情如果合理，自然就会奉行，如不可行，死且不避，还怕断手吗？"乃马真皇后听了很不愉快，耶律楚材仍然辩论不已，大声说道："老臣跟随太祖太宗三十多年，没有做过对不起国家的事，我是无罪的，你总不会把我杀掉。"乃马真皇后听了更加不满，但终因他是先朝勋旧，不好轻易处理，便采取了敬而远之的办法，实际上是排挤他，不让他掌权。

耶律楚材得不到信任，眼见奸邪当道，政事日非，未免忧思伤神。日久天长，耶律楚材终于积愤成疾，于乃马真后三年(1244)抱恨长逝，享年55岁。

伯　　颜

伯颜(1236－1295)，元世祖朝历任中书省和枢密院要职。伯颜为官清正、才兼将相，忠心职守，深略善断，将臣皆服。官至中书左丞相、知枢密院事、开府仪同三司、太傅。谥号"忠武"。

官至中丞　率军征宋

伯颜的曾祖名叫述律哥图，曾在太祖成吉思汗时，任蒙古八邻部左千户之职。其祖阿剌，袭父职，兼断事官。因平定忽禅有功，成吉思汗就把八邻部这块土地赏赐给他，由他管理食用。伯颜父亲晓古台，也世袭父职。由于随宗王旭烈兀(成吉思汗之孙、拖雷之子)开拓西域，所以伯颜随父亲生活，在西域长大。

伯　颜

元世祖至元初(1264)，旭烈兀派晓古台进大都(今北京)入朝奏事，伯颜随行。当时伯颜30岁左右，世祖忽必烈见其相貌英俊、身材魁梧、谈吐文雅、出口不凡，甚是欣赏，于是说："伯颜非宗王之臣也，留在京城让他随朕办事。"于是伯颜留在京师，在世祖忽必烈手下当差。忽必烈曾与伯颜谈论国事，伯颜的所谈所识总比当时的朝臣要高出一筹，这令世祖更加礼待于他。忽必烈还下敕书，让安童的妹妹嫁给伯颜。

至元二年(1265)七月，伯颜由于忠心耿耿，办事干练，由一名侍臣官越级提拔为光禄大夫、中书左丞相。当时，朝中大臣遇有难办之事，伯颜总能从容地用一两句话解决、了断。这种高超的决策能力和果断的处事作风赢得群臣们一片赞赏，许多朝中大臣翘起拇指叹服地说："真宰辅也。"至元四年，伯颜改任中书右丞，至元七年，迁同知枢密院事。至元十年(1273)春，伯颜持节奉玉册立燕王真金为皇太子。

至元十一年(1274)，元世祖决定大举进攻南宋。这时，伯颜与史天泽并拜中书左丞相，负责管理荆湖行省。当时，史天泽因病不能成行，他深知伯颜能力超群、卓有见识，便上书恳请让伯颜独挑重担，全权负责灭宋事宜。忽必烈采纳了史天泽的建议，以伯颜领河南等路行中书省，所属并听节制。

是年秋七月，世祖忽必烈任命伯颜为统帅，率大军20万征讨南宋。九月，伯颜率领蒙古铁骑会师于襄阳，然后兵分三路向南挺进。伯颜与平章阿术由中道，循汉江趋郢州。十月，郢州守将赵文义、范兴率骑兵2000前来偷袭军营。当时大军已绕过郢州前行，伯颜、阿术殿后，身边将士不满百骑。在此危险情形之下，伯颜大喝一声，来不及穿上铠甲，手挥宝剑纵马冲向宋兵。片刻之间，伯颜擒杀赵文义、范兴二将，两颗人头滚落于马下。经过一番激战，宋兵500人被杀，10余人被擒，余皆奔逃。元军随即拿下沙洋、新城、复州、蔡店。十二月，元军采用声东击西之计，从汉口巧渡长江之后，袭取荆湖重镇鄂州(今湖北武汉)。伯颜命阿里海牙领兵4万镇戍鄂州，分兵攻取湖南、广西等地，自己与阿术率水陆大军沿江东下。

元军飞渡长江，沿江东进，令宋廷沿江各州郡极度恐慌。至元十二年(1275)，正月，黄州、涟水、蕲州、安庆、池州等州郡的宋朝知官、将领纷纷献城请降。

二月，伯颜大败南宋"蟋蟀宰相"贾似道于丁家洲。当时，贾似道都督诸路军马13万，号称百万，以步军指挥使孙虎臣为前锋，淮西制置使夏贵以战舰2500艘横亘江中，贾似道坐镇后军。伯颜沉着冷静，从容指挥，命左右翼万户率骑兵夹江而进，炮声震天动地，百里可闻。在蒙古军队强劲的攻势面前，宋军阵脚出现混乱，夏贵带头逃遁，他乘坐一只小船掠过贾似道的大船，大呼："彼众我寡，势不支矣。"贾似道闻听仓皇失措，马上下令鸣金收兵，宋军顿时乱作一团，溃不成军。伯颜追杀150余里，宋兵溺死无数，元军又得宋军战船2000余艘，以及军资器仗、图籍符印等物。贾似道败走扬州，夏贵败走庐州，孙虎臣败走泰州。是役之后，伯颜与取道淮西南下的合答、董文炳会合。溧阳、镇江等地宋军皆请降，淮西滁州诸郡亦相继归降。

三月，蒙古大军拿下建康（今江苏南京）。忽必烈闻此捷报，十分高兴，遂诏伯颜以行中书省驻建康，阿塔海、董文炳以行枢密院驻镇江。

拒绝议和　接受请降

至元十二年（1275）十一月，伯颜派军在占据无锡州、太湖和平江后，派宋降臣游介实，奉世祖诏书副本出使宋朝，以诏书的形式劝谕宋朝的诸位大臣投降元朝。十二月，元大军驻无锡。宋朝柳岳等奉宋国主及太皇太后书及宋诸大臣给伯颜的书信来见伯颜，流着泪对伯颜说："太皇太后年迈体衰，我们国君又太幼小，况且我们正处于国丧期间，自古礼不伐丧，望哀怜体谅宋主的情况，能退兵班师。此后宋朝岂敢不每年进奉修好？ 之所以落到今日这步田地，都是那个奸佞之臣贾似道背信弃义失言于贵国造成的呀。"伯颜回答说："我主上即位之初，曾奉国节至宋，愿与宋修好，而汝国却执留我使者16年，因此今天才兴师问罪。去年，宋又无故杀害我廉奉使等，这是谁的过错？ 如要使我师不进，请效法当年钱王纳土与宋，李后主出降于宋。你们宋朝当日得天下于奸佞小人之手，今日失天下者，不也是失之于权奸小人之手吗？ 这一切都是天意啊，不用多说了。"柳岳只有顿首哭泣不已。

至元十三年（1276）正月，元军进军临平镇，军至皋亭山。宋主遣临安府守贾余庆同宗室尹甫、吉甫等人，奉传国玺及降表到军前，伯颜接纳。伯颜派遣囊加歹与贾余庆还临安，召宋宰相来谈议降事。当时宰相陈宜见大军压境弃城而逃，宋廷只好任命文天祥为代丞相去处理议降一事，但遭到了文天祥的拒绝。元军进至临安北15里，分遣董文炳、吕文焕、范文虎巡视城堡，安抚告谕军民，严禁军士入临安城。派吕文焕持黄榜告谕临安中外军民，使百姓安居如故。

正月下旬，谢后遣丞相吴坚、文天祥、枢密谢堂等人来见伯颜。伯颜抚慰后，便让他们回返临安；但看到文天祥言谈举止与一般人不同，怀疑他有二心，便扣留军中。文天祥数次请归，伯颜均笑而不答。伯颜命令忙古歹、唆都将文天祥羁留。又令程鹏飞、洪双寿同宋臣贾余庆交换宋主削帝号、递降表。

三月，伯颜入临安，令唐兀歹、李庭护送宋君臣北上。伯颜兵发临安，宋主求见伯颜，伯颜说："没有归降进入朝廷，还谈什么相见的礼仪！"五月，伯颜与宋主到了上都，世祖忽必烈在大安阁接受朝拜，降授宋主为开府仪同三司，检校大司徒，封瀛国公。至此，平定宋朝。

临危受命　北国平叛

正当元廷上下沉浸在欢呼胜利的喜庆氛围时，突然北方传来宗王昔里吉、玉木忽儿、脱脱木儿、撒里蛮等自阿力麻里叛乱的消息。叛军进掠和林（今蒙古人民共和国哈尔和林），弘吉剌部只儿瓦台等起兵响应，大漠南北为之震动。在这危急时刻，忽必烈命伯颜火速率军北上，平定叛乱。

伯颜亲率大军，大败昔里吉于斡鲁欢河（今蒙古鄂尔浑河）。不久，叛军内讧，昔里吉败走南方海岛，病死。至元十八年（1281）二月，伯颜奉命从皇太子真金戍守漠北。

至元二十二年（1285）秋，长期驻守畏兀儿、哈密力（今新疆哈密）的宗王阿只吉，被察合台汗国之汗笃哇所击败，忽必烈一气之下，削除了他的军权，让伯颜取而代之，镇戍西北。当时，驻守西北的蒙古军队缺乏粮食，伯颜下令将士采掘蒐怯之叶和蓿敦之根贮藏，盛冬时节，士兵和战马皆以此为食充饥。又传令，凡捕食塔剌不欢的野兽军士，可收集和攒它们的毛皮，经过动员一下收集了几万张，伯颜既而遣使运至京师。忽必烈见状，笑着说："伯颜以边地寒，军士无衣，欲易吾缯帛耳。"遂令廷臣，大量补充边关将士的衣物。

至元二十四年（1287）春二月，有人密告乃颜欲反，忽必烈诏令伯颜前去打探虚实。乃颜是元宗王，铁木哥斡赤斤玄孙，塔察儿孙，承袭斡赤斤分地，据有哈剌温山（大兴安岭）东西两侧和辽东大部。伯颜临行让随从人员携带大量的衣裘，沿途均赠与驿人。抵达乃颜驻地后，乃颜设宴欢迎伯颜，暗中却派人做好埋伏，准备擒拿伯颜。极具洞察力的伯颜一眼就察觉出乃颜的阴谋，他借故与随从溜走，分三路奔往驿站。驿人因为得到过伯颜赠送的衣裘，纷纷前来敬献骏马。伯颜等人飞身上马，把乃颜的追兵远远地甩在了后面。

乃颜的谋反之心路人皆知，于是，忽必烈决定铲除这个祸根。是年夏四月，乃颜联络诸王势都儿、哈丹等举兵反叛，进军潢河（今西拉木伦河）流域。忽必烈勃然大怒，决定亲自征讨逆贼，伯颜相从。伯颜奏请召大将李庭、董士选至上都，令其指挥诸卫汉军，运用汉军战术对付叛军。忽必烈接受了伯颜的建议，遂命李庭和董士选率汉军、玉昔帖木儿率蒙古军同时进发，又命伯颜自别失八里移军驻守哈剌和林，阻挡海都和乃颜两军会合。当时，乃颜之部将金家奴、塔不歹进逼乘舆，李庭、董士选以汉军列前步战获胜。不久，乃颜在不里古都伯塔哈之地（哈拉哈河与诺木尔金河交汇之三角地带）兵败后被俘杀，势都儿投降，哈丹逃至朝鲜后自杀。

元世祖忽必烈

3年后，阿里不哥之子、宗王明里帖木儿在海都的支持下举兵反叛。伯颜奉诏征讨，在阿撒忽秃岭与叛军列阵对峙。当时，乱箭如雨，将士畏缩不前。见此情状，伯颜登高而呼："你们冷了，君王给你们衣服穿，你们饿了，君王给你们食物吃，现在正是你们为君主效力报答君王的时候，现在不回报，还想等到什么时候！"他拔出宝剑，指挥大军前进，后退者斩。为了鼓舞士气，伯颜纵马在前，拼死杀敌，众将士莫不感奋，结果大破叛军。明里帖木儿单骑逃走，伯颜令速哥、梯迷秃儿等追之。当伯颜引军夜归，行至必失秃，遭遇伏兵。伯颜坚壁不动。黎明时分，叛军离去，伯颜领轻骑追杀这股叛军至别竭儿，速哥、梯迷秃儿等亦至，乃夹击之，斩首2000级，俘其余众回营。诸将欲杀俘虏作为祭品，伯颜严加禁止，众皆叹服。军士抓获叛军一间谍，忻都挥刀就砍，伯颜急忙制止，并赏赐叛军间谍大量财物，并让他带一封书信给明里帖木儿。此书信晓以大义，明以祸福，规劝明里帖木儿回心转意，拥戴元廷。明里帖木儿看信后热泪盈眶，长泣不止。事后不久便率众归降了元朝。

临变不乱　拥立成宗

至元三十年(1293)冬十二月，伯颜被已身患重病的忽必烈召回京都。第二年正月，忽必烈去世。伯颜以朝廷重臣、顾命大臣身份总领百官。兵马司请在日出时鸣晨钟，日落时鸣昏钟，以防变故。伯颜呵责其说："你要做盗贼吗？一切像平常一样。"从这些细微的事上足以看出伯颜临变不乱、治政简约的大将作风。当时有人刚刚侥幸获赦却又偷盗内府钱银，宰丞想处死他。伯颜说："盗贼哪天没有，为什么一定要今天处死他呢？如果处死他又是以谁的诏命处死他呢？"众人都佩服他有远见卓识。

至元三十一年(1294)四月，即忽必烈去世3个月后，铁穆耳在伯颜等人的拥戴下，于上都大安阁正式即帝位，是为元成宗，次年改元元贞。当时，许多诸侯王对铁穆耳继承帝位表示不服，有人甚至公然表示抗议。伯颜手握宝剑，站在殿堂之上，威严无比。他陈述祖宗宝训，宣示顾命，阐明所以拥立铁穆耳的理由，声色俱厉，怒目相向，诸王无不胆寒，纷纷下拜。

五月，伯颜拜开府仪同三司、太傅、录军国重事，依前知枢密院事，赐金银各有差。当时，江南三省多次恳请罢行枢密院，成宗问计于伯颜。伯颜正在病中，他睁开双眼说："内而省、院各置为宜，外而军、民分隶不便。"成宗点头称是，三院遂罢。

是年冬十二月，伯颜因病不起，溘然长逝，时年59岁。大德八年(1304)，元成宗特赠他宣忠佐命开济功臣、太师、开府仪同三司，并追封他为淮安王，谥忠武。元顺帝至正四年(1344)，又给他加赠宣忠佐命开济翊戴功臣，进封淮王。

李善长

李善长(1314－1390)，明代开国宰相，明代开国宰相，太祖朝任左丞相，封韩国公。字百室。定远(今属安徽)人。李善长在朱元璋立国前就参与机要，深获朱元璋的信任。曾向元璋建议"行仁义，禁杀掠，结民心"。在战时，李善长常留守后方，调度兵食，功比萧何。朱元璋立国后，李善长主持制定了明初的主要制度，后因胡惟庸案牵连被杀。

投奔明主　深得宠信

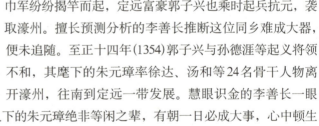

李善长

李善长(1314－1390)，字百室，定远(今属安徽)人。李善长出身于书香门第，聪颖过人、博览群书。在诸子百家中，李善长最爱读法家著作，长年精研不辍，颇有心得。

元至正十一年(1351)，由于元朝统治的黑暗，各地红巾军纷纷揭竿而起，定远富豪郭子兴也乘时起兵抗元，袭取濠州。擅长预测分析的李善长推断这位同乡难成大器，便未追随。至正十四年(1354)郭子兴与孙德涯等起义将领不和，其麾下的朱元璋率徐达、汤和等24名骨干人物离开濠州，往南到定远一带发展。慧眼识金的李善长一眼就看出出身贫寒、暂居人下的朱元璋绝非等闲之辈，有朝一日必成大事，心中顿生归附之意。朱元璋率军进攻滁州，行至途中，李善长率家乡老小前往迎谒。朱元璋得知李善长是颇有声望的乡贤，对他们以礼相待，在相互攀谈中，李善长以韩非子的法家思想启迪朱元璋。朱元璋虽读书不多，却心有灵犀一点通，顿时对法家的法、术、势产生浓厚兴趣。朱元璋对李善长如获至宝，将他留在身边，执掌书记，负责军中文字事务。这一年，李善长40岁，正值不惑之年。李善长投靠明主朱元璋，兴奋不已，决心从此施展自己的宏伟抱负。

一天，朱元璋在军帐中置酒招待左右，论及天下形势，便问李善长："天下大乱，群雄四起，什么时候才能夺取天下呢？"李善长援引历史故事，侃侃而谈："秦朝末年，天下大乱，汉高祖刘邦起兵。虽然出身低微，却能慧眼识真，知人善任，并且慈悲为怀，豁达大度，仅仅5年就完成了称霸事业。现在，元朝统治秩序出现紊乱，天下土崩瓦解，与秦朝末年的局势极为相似，此时正是成就帝业的大好时

中国宰相传

机。主公出生于濠州，距离刘邦的家乡沛县不远，应当秉承这种山川王气，效法刘邦的所作所为，何愁天下不定！"一席话，说得朱元璋赞不绝口，连声叫好。李善长说这番话，主张朱元璋向刘邦学习，言下之意，自己就是红巾军中的萧何。这种隐含着自视甚高、自我标榜的夸耀，当时并未被朱元璋所察觉。

运筹帷幄　权倾朝野

李善长追随朱元璋后，被朱元璋任为参谋，李善长屡此献计献策，深得朱元璋的赏识和信任。几年征战下来，朱元璋羽翼渐丰，常遇春、冯国胜等前来归附的将领越来越多。李善长听其言、观其行、察其材，将这些人的性格特点、兴趣爱好以及特长、缺点一一汇总上报给朱元璋，并建议朱元璋如何使用这些人。李善长在人才甄别方面独具慧眼，不仅使朱元璋满心欢喜，而且使前来归附的豪杰义士各尽其才，各遂其愿。有时，武将之间难免会有龃龉，李善长经常晓之以理动之以情，从中协调化解矛盾，使军队指挥系统趋于稳定。

当时，朱元璋累建战功，陆续收复了滁州之外的一些城镇，手下兵强马壮。树大招风，功高震主，郭子兴听信流言，怀疑朱元璋谋夺其位，便欲削夺其兵权，私下策动李善长离开朱元璋，前来辅佐自己。李善长坚信朱元璋才是人中俊杰，将来必成霸业，于是谢绝了郭子兴的盛情相邀，仍然不离朱元璋左右。正身遭厄运的朱元璋对此极为感动，愈发倚重李善长。

至正十五年(1355)，朱元璋收降巢湖水师后，拥有步、骑、水军各兵种，声威大振。此时，李善长建议朱元璋迅速渡江，攻取集庆(今南京)，作为平定天下的大本营。这一充满远见卓识的英明决策获得大将徐达等人的支持，胸有远谋、志得天下的朱元璋当即采纳李善长的意见，旋即挥师渡江。次年二月，一举攻克江南重镇集庆，改集庆路为应天府。大军进城三日，李善长忙于起草布告、军令，严禁士卒扰民。这时，郭子兴已死，兵权落入朱元璋一人手中，朱元璋于是自封太平兴国大元帅，任李善长为元帅府都事，朱元璋在集庆站稳脚跟不久，打算攻取江南另一重镇镇江，但担心将领们统兵不严，便与徐达合计搞了一个"苦肉计"。

一日，朱元璋升帐，当着一班文臣武将的面厉声指责徐达纵兵扰民，下令将其绑了，推出斩首。李善长深知其意，急忙替徐达求情，声称攻略天下不能没有徐达，恳请释放徐达，让其将功赎罪。朱元璋达到了预定目的，命人替徐达松绑。这一招果然奏效，朱元璋如愿以偿顺利攻取镇江。

徐　达

　　至正二十四年(1364)正月,朱元璋自立为吴王,此时,李善长官拜右相国,处理政务,"裁决如流"。李善长深谋远虑、筹划周详,且精法律辞令,许多重要文件都由他负责起草。朱元璋常率大军征讨四方,每次征讨,他都像刘邦信任萧何那样,把留守后方的重担托付给李善长。李善长每次都不辜负朱元璋的希望。他治理后方,从容调度,不仅击败应天府周围敌军的骚扰,而且使各级将领官吏心悦诚服,让百姓都能安居乐业,调度兵士、补给粮饷,从无短缺。李善长不仅注重政治运作,而且注重货殖理财。他榷淮盐,立茶法,斟酌元制,去其弊端。又恢复制钱法,开铁冶,定鱼税,使"国用益饶,而民不困"。

　　至正二十七年(1367)九月,李善长论功受赏,被封为宣国公。吴改官制,尚左,李善长由右相国改称左相国,居百官之首。朱元璋的吴王政权是日后称帝的雏型,其时已初具规模。熟谙法家之术的李善长积极劝导朱元璋健全法制,朱元璋遂命李善长与刘基等人裁定律令,颁示中外。

　　至正二十八年(1368)正月,朱元璋在应天府即帝位,国号明。李善长兼太子少师,授银青光禄大夫、上柱国、录军国重事。此时的李善长更加精明干练,经验丰富,拟定官制、礼仪等重大使命,朱元璋都交于他去肩负办理。举凡追封朱元璋的祖先,册立后妃、太子,分封诸王,爵赏功臣,拟定郊社宗庙礼仪,奏定六部官制,商议官民丧服以及朝贺东宫礼仪,监修《元史》,编撰《祖训录》、《大明集礼》诸书等等,都由李善长全权负责。李善长恪尽职守,殚精竭虑,日理万机。其间,朱元璋亲临汴梁慰问前线将士,令李善长留守都城,一切事务,无论大小,都委托李善长和诸位儒臣商议解决处理。李善长能者多劳,为朱元璋坐稳江山、架构体制又立了赫赫功绩。

　　洪武三年(1371),朝廷大封功臣。明太祖朱元璋说:"李善长虽说没有战功,但是长年跟随我,东奔西走、鞍前马后,陪侍左右。尤其是在兵源补充、粮饷供给等方面做出了巨大贡献,应当给他晋封大国。"于是授他开国辅运诚守正文臣,特晋光禄大夫、左柱国、太师、中书左丞相,封为韩国公,每年给俸禄4000石,子子孙孙世袭;赐给铁券,可免去他两次死罪,免去他的儿子一次死罪。当时封为公的人,有徐达等6人,李善长位居第一。朱元璋把李善长比做汉代名相萧何,其褒扬赞颂程度可见一斑。

　　李善长由于长期位高权重,因此慢慢也有了骄纵之心,也开始结党营私、排挤异己,同时也养成了铺张浪费、骄奢淫逸的坏习气。朱元璋开始有些厌恶李善长,但对他还是优礼有加,又是赐田,又是升官,还下嫁长女临安公主给李善长的次子祺,封李祺做驸马都尉。

株连胡党　受牵被杀

洪武十三年(1380)，正当李善长官运亨通、安享富贵之时，遇到了突发的一次大劫难——胡惟庸案事发。胡惟庸以谋反罪伏诛，株连许多人。胡惟庸案是明朝开国初期的第一大要案。李善长平日与胡惟庸往来密切：当初，胡惟庸只是一个小知县，李善长发现胡惟庸精明能干、机智敏捷，又是同乡，于是便在朱元璋面前大加推荐，使胡惟庸擢升太常少卿。洪武四年(1371)，胡惟庸由中书省参政一跃而为中书左丞。鉴于胡惟庸已执掌朝政，淮系集团坚不可摧，李善长遂辞去相位。李善长对胡惟庸不仅有提携之恩，而且李、胡两家又有姻亲之戚，胡惟庸是李善长侄子李佑的岳父。胡惟庸案发时，有3万余人受到株连。朝中有人怀疑李善长系胡惟庸同党，朱元璋以李善长辅佐自己劳苦功高，按而不究，使李善长一度侥幸躲过祸端，但终究难逃劫数。

洪武十八年(1385)，朝中有人举报李善长之弟李存义是"胡党"分子。朱元璋下诏免死，将其贬至崇明。然而，身为其兄的李善长却没有进宫谢恩，这让朱元璋顿时产生了愤恨之心。洪武二十二年(1390)，朱元璋大兴刑狱，将犯罪之人悉数流放边陲，李善长的亲戚丁斌等人皆获罪。77岁的李善长年老昏聩，竟然数次为丁斌等人说情，惹得朱元璋火冒三丈，连夜提审丁斌。丁斌供出自己曾在胡惟庸手下做过仆人，的确发现李存义和胡惟庸有过密谋。朱元璋下令逮捕李存义父子，突击审讯。不曾料想，李氏父子在供词中指认李善长完全知悉胡惟庸谋反的全部底细，却隐匿不报，说什么"我老了，我死后，你们自己看着办吧"。

正当朱元璋大惊失色之际，锦衣卫又呈上新的供状，状告李善长，说："将军蓝玉出塞，至捕鱼儿海，搜获胡惟庸私通沙漠使者的密信，李善长却将此事隐而不报。"又有李善长的家奴卢仲谦等，状告李善长与胡惟庸"通赂遗，交私语"。朱元璋怒发冲冠，下令逮捕李善长，怒斥他身为元勋国戚，知道他人秘拟谋反，却不揭发检举，左右观望、心怀两端，实属大逆不道，将李善长及其家族70余人迅即斩首。朱元璋亲笔罗列李善长的罪行，写成《昭示奸党三录》，布告天下。

在审查李善长一案中，一同被指为"胡党"而掉脑袋的，还有吉安侯陆仲亨、延安侯唐胜宗、平凉侯费聚、南雄侯赵庸、荥阳侯郑遇春、宜春侯黄彬、河南侯陆聚等人，以及已故的济宁侯顾时等人的亲朋好友。宁河王邓愈的长子邓镇，也因迎娶李善长的孙女而惨死于屠刀下。李善长之子李祺早已病卒，李善长的孙子李芳、李茂因为其母临安公主的恩庇而免于杀戮。

胡 惟 庸

胡惟庸(? —1380)，安徽定远(今安徽凤阳)人。太祖朝任宰相。明代开国功臣，也是著名奸臣。因结党营私、通倭、通元而被诛杀，而共谋受牵连者达3万余人，史称"胡狱"。

平步青云　专权用事

元朝末年，胡惟庸在和州投奔了朱元璋，被授任元帅府奏差。不久转宣抚使，又转任宁国主簿，后晋升为知县，再升为吉安通判，不久擢拔为湖广佥事。洪武元年，胡惟庸被召任太常少卿，再晋升为太常寺正卿。

洪武三年(1370)，胡惟庸任为中书省参知政事。以后，又代替汪广洋担任左丞相一职。洪武六年正月，右丞相汪广洋被贬降为广东行省参政，朱元璋以右丞相人选难择，很长时间没有设置右丞相，所以胡惟庸以左丞相的身份独专相府事务。同年七月，胡惟庸被提拔为右丞相。过了一段时间，明太祖朱元璋又改任胡惟庸为左丞相，而重新起用汪广洋为右丞相。

明太祖朱元璋

朱元璋认为胡惟庸有才能，对他恩宠任用。胡惟庸也自勉勤事，曾经以拘执小节迎合朱元璋的意图。朱元璋对胡惟庸恩宠日盛，他处死和黜陟某些官员，都不用奏请太祖，自己就可以直接决定。内外诸司大臣上书向朱元璋奏事，都要经胡惟庸将疏奏取来查看，凡是对自己不利的疏奏，胡惟庸就把它们藏匿起来，不报告给朱元璋。四方急于进取功名的人和那些失职的功臣武夫，争相到胡惟庸家门，行贿的金帛、名马、玉器、古玩等物，多得无法计算。

大将军徐达对胡惟庸的恶行深为痛恨，在朱元璋面前从容列数胡惟庸的罪行。于是胡惟庸诱使徐达的看门人福寿图谋徐达，结果被福寿告发才未能得逞。学士吴伯宗对胡惟庸进行弹劾，却几乎惹来灭顶之灾。从此，胡惟庸的势力更加炽张。

谋反不成　事泄遭诛

　　胡惟庸老家定远县的旧宅里有一口老井，一天，井里突然生出了石笋，高出水面好几尺，阿谀逢迎的人们纷纷争引符瑞，又说胡惟庸祖父三代的无庸讳言冢上夜里都有照亮夜空的火光。胡惟庸听了十分高兴，自以为是，于是便产生了不轨的图谋。

　　当时吉安侯陆仲亨、平凉侯费聚两人因贪图富贵、耽于酒色、不理公务，均遭到朱元璋谴责和怒斥。胡惟庸看出陆仲亨、费聚对朱元璋既怕又恨，便私下里用权利胁诱二人。二人向来愚笨，见胡惟庸对他们善待有加，便与之相互往来。一天，胡惟庸请陆仲亨、费聚到家中饮酒。酒酣耳热之际，胡惟庸屏退左右侍从，对二人说："我们经常来往，大声议论朝政，必有风言风语传到朱元璋那里，一旦引起皇上的察觉，其结果会如何呢？"陆仲亨吓得连筷子也掉在了地上，费聚也为之一怔，忙问如何是好。胡惟庸凑近二人，耳语道："人为刀俎，我为鱼肉，一不做二不休，干脆反了。我在朝中静观动静，你们赶紧在外招兵买马，积攒势力，一旦时机成熟，就举兵起事，杀了那个'穷和尚'。事成之后，你们拥立我为皇帝，一定让诸位享尽荣华富贵。"陆仲亨、费聚点头称是。

　　左御史大夫陈宁性情残暴，在苏州征税时以烧红的铁条烙人肌肤，人称"陈烙铁"。儿子陈孟麟劝他多行善事，竟被他活活打死。朱元璋对陈宁深恶痛绝，说："对待亲生儿子都如此凶残，那还能对寡人如何呢！"胡惟庸马上把朱元璋的话转告陈宁，陈宁闻之大惊失色，胡惟庸煽动他说："与其坐而待毙，不如与我共举大业。"二人遂串通一气，在中书省翻阅天下兵马籍，以图不轨。不久，胡惟庸令都督毛骧招徕卫士刘遇贤以及亡命之徒魏文进等人，将其作为心腹，并对他们说："我会重用你们，你们也将会大有作为。"

　　在紧锣密鼓的策划行动中，胡惟庸认为元勋国戚李善长的态度关系到谋反的成败。几经考虑，他决定派大仆寺李存义前去打探李善长的口风。胡惟庸的确老谋深算，派李存义去说服李善长真是再合适不过。因为李存义不仅是自己的亲家，又是李善长的亲兄弟。李存义连夜来到其兄李善长府中做说客，一番寒暄后表明来意，岂知老奸巨猾的李善长得知弟弟的来意，沉默良久，既不表示坚决反对，又不表示公开支持，最后又说，自己老了，糊涂不中用了，你们自己看着办吧。李善长的暧昧态度使胡惟庸大喜过望，认为他已默许，成功的可能已有十之八九，遂把谋反计划扩大到争取外援。他派遣明州卫指挥林贤出海与日本勾结，又派遣元朝旧臣封绩带着自己的亲笔信前往北元上都，信中表示称臣于北元君主脱古思帖木儿（元顺帝之子），请出兵作为外应。也许天察其奸，这两桩勾结外援的事都没有办成——好长一段时间，杳无音讯。

日子一天天过去，贼胆包天的胡惟庸担心夜长梦多，声称府第井中涌出醴泉，邀请朱元璋临幸观赏。他密布弓箭手，阴谋发动政变。朱元璋的车队刚刚驶离西华门，一个名叫云奇的太监突然挡驾，手指丞相府不语。朱元璋的贴身卫士当即将其打死，朱元璋似有所悟，佯称头昏，下令转回皇宫。正巧胡惟庸的家人犯法，被朱元璋下令处死，胡惟庸推卸罪责，说不知此事。朱元璋却不肯就此罢休，又纠问刘基死因。当年毒死刘基，实际上是在朱元璋的默许下进行的。但朱元璋穷追不舍，却使胡惟庸惶惶不安，他告诉手下："皇上诛杀老臣，这里面可能也会有我，与其束手就擒、坐以待毙，不如先发制人。"这时，一个突发事件更加搅乱了胡惟庸的方寸。一天，胡惟庸的儿子在大街上策马狂奔，被迎面而来的马车碾死，胡惟庸下令处死了马车夫。朱元璋听说此事，顿时火冒三丈，命胡惟庸偿命。胡惟庸请求以金帛补偿马车夫的亲属，朱元璋没有同意。胡惟庸感到大祸临头，马上串通御史大夫陈宁、中丞涂节等密谋起事造反，并暗中通知全国各地以及追随自己的武将，予以响应。

洪武十二年(1379)九月，占城(今越南)来贡，胡惟庸没有上奏朱元璋。朱元璋知道后十分愤怒，下敕责怪相关机构的官员。胡惟庸归咎于礼部，礼部大臣又责怪中书省。朱元璋见他们争得面红耳赤，更加气愤，便下令将诸位大臣都关入监牢，追问其主要责任。于是，胡惟庸被捕，银铛入狱。

次年正月，在血腥味儿极浓的政治形势面前，"胡党"出现分裂。御史涂节为了苟延残喘，侥幸脱祸，首先告发胡惟庸蓄意谋反。有人把这个消息悄悄告诉狱中的胡惟庸，他双手紧紧抓住冰凉的囚牢铁栏，一时目瞪口呆，末了长叹一声，说了句："奸诈小人真是太可怕，我这次可能要完蛋了！"恰好此时，又有大臣，也上书揭发胡惟庸阴谋造反。朱元璋大怒，命廷臣提审胡惟庸。严刑拷打之下，胡惟庸招供了谋反罪行，并说涂节也是同谋，他见大势已去，这才转变态度，加害于我。朱元璋又加重刑，逼问还有何人参与，胡惟庸又供出了御史陈宁。朱元璋手拿供词，气得发抖，一脚把案桌踢翻，下令立刻将胡惟庸、陈宁、涂节推出斩首。

解　缙

解缙(1369－1415)，明成祖朝内阁首辅。字大绅。吉水(今属江西)人。解缙历仕太祖、成祖二朝，受到宠幸。解缙少年登朝为官，凭借才高，平日注意推荐人才，惩恶扬善。但也好对人议论，无所顾忌，终因其在巩固皇太子地位中遭到汉王朱高煦的暗算而身死。

大明才子　赤诚进言

解缙(字大绅)降生于江西吉水一个书香门第。解家世代为官，其祖父解子元是元代进士，官至校书郎。元朝末年，各地农民起义风起云涌，兵连祸结，身为安福州判官的解子元恪守职责，募兵守城自保，战死疆场。解子元留下两个儿子，都是饱读诗书，满腹经纶，以文学著名，当时人称"二解"。大儿子解开，即解缙的父亲，年轻时领吉水文坛风骚。自解开始，吉水文学为之繁盛，学者们尊称他为筠涧先生。明太祖闻其盛名，亲自召他共议元朝的成败得失，并要留他在朝中为官，被他婉言谢绝了。解开回到乡下以卖豆腐度日，维持生计。

解开虽不愿为官，但他的两个儿子却都因科举而步入仕途。

解缙幼年颖敏过人，年仅18岁的他便在当年的乡试中一举夺魁，中了解元。这在当时的江西是个新闻，解缙的才子之名从此远播四方。洪武二十一年(1388)，解缙赴京参加殿试，得中二甲第十名进士。朱元璋十分赏识解缙敏捷的才思，给他授官中书庶吉士(见习官员)。那一年，解缙刚满20岁。

解缙任中书庶吉士后，因知识渊博，回答明太祖的咨询准确得体。因此为明太祖所喜爱，从此经常在明太祖面前负责咨询。据说：一次朱元璋在金水河畔钓鱼，半天也没钓到一条，令解缙赋诗解闷。解缙应声成七绝一首，其中后两句为"凡鱼不敢朝天子，万岁君王只钓龙"，逗得朱元璋直乐。从此，朱元璋让解缙常侍自己左右，对他十分喜爱和信任。

一日，明太祖与解缙纵论天下大事，明太祖对解缙说："朕与你义则君臣，情若父子，你当对我知无不言。"此番谈话后不久，解缙即给太祖上了一封万言书，建议减轻刑法。解缙的上书得到了明太祖的高度肯定，并为明太祖采纳，使明初的严刑峻法有所收敛。

解缙因到兵部索要护卫人员，言语中对兵部尚书有所侵谩而被告发。明太祖说解缙侍宠，散慢自恣，当予薄惩，命降其为御史。韩国公李善长因被胡惟庸谋反案株连，议罪当死，解缙代郎中王国用上奏为其伸冤。不久又为同官夏长文起草文书，弹劾都御史袁泰，因此遭到袁泰等人嫉恨，多次寻找他的过失以予攻讦，明太祖即让解缙罢职回乡。解缙在家闲赋十余年之后。朱元璋去世，解缙重新被召回京师，后经礼部侍郎董伦在惠帝面前强力推荐，解缙被任命为翰林待诏。

编修大典　终遭人怨

1399年，燕王朱棣发动"靖难之役"，夺取帝位。成祖即位后，提拔解缙为侍读，命令他和黄淮、杨士奇、胡广、金幼孜、杨荣、胡俨一起入直文渊阁，参预机务。

入文渊阁不久，解缙又被任命为侍读学士，奉命担任总裁，编修《太祖实录》及《列女传》。

重修《太祖实录》的目的就是篡改历史事实，将朱棣由篡位者变为合法的皇位继承人。为此，《太祖实录》经过了两次重修。第一次重修，作为总裁的解缙虽深知成祖朱棣的意图，但他的正直和良心不允许他对事实作太过分的歪曲，因而，他在重修中，只对原有《实录》做了有保留地改动。几年后，成祖朱棣对解缙进呈的改修本《实录》仍不满意，说解缙等人"心术不正"。

永乐元年(1403)，解缙升任翰林学士兼右春坊大学士和姚广孝主持编修《永乐大典》。此书最初修成时，赐名《文献大成》，由于采摘不广，记载不详，成祖命令重修。以姚广孝、解缙等监修，翰林学士王景等人总裁，于文渊阁开馆编纂，参与编纂事宜的多达3000余人。编纂时以文渊阁所收宋、元御府藏书为基础，并派人到全国征集各类文献资料。永乐五年，全书完成，更名为《永乐大典》。

永乐年间，解缙和李至刚同为大学士，先后入东宫为太子进讲。不知何因，解缙得罪了李至刚，从此李十分怀恨解缙。后来解缙落难，他趁机落井下石。

按照嫡长子继承制，明成祖应立其长子朱高炽为太子。但是朱棣却不喜欢这个长子，因为朱高炽身体肥胖又患脚疾，行动不便。与之相反，朱棣的第二个儿子汉王朱高煦则英武矫健，并在靖难之役中立有殊功。成祖朱棣觉得朱高煦更像自己，深为喜爱，于是就动了立朱高煦为太子的念头。和朱棣不同，长子朱高炽的老师们如解缙、黄淮、杨士奇等人，则都不喜欢次子朱高煦，在他们看来，朱高煦简直就是一个不学无术的赳赳武夫，而生性仁厚，笃好经史的朱高炽却是他们理想的君主形象。朱棣一时拿不定主意，就秘密询问解缙的意见。解缙说："皇长子仁慈孝顺，全国人心向往。"成祖听后，沉默不语。解缙又说："况且皇上还有一个圣明的好孙子。"这是指朱高炽的儿子朱瞻基。朱瞻基生得英俊，言语行动敏捷，很得朱棣钟爱。成祖听到这里，微微了点头，遂决定立朱高炽为皇太子。汉王朱高煦很快得知内情，对解缙恨之入骨。皇太子确立后，朱棣只觉得后悔，他仍然宠爱着次子朱高煦，并且待他的礼遇和俸禄超过了嫡长子。解缙劝谏成祖说："这样做会引起争端，不可行。"成祖听后大发雷霆，认为解缙是在离间他们父子骨肉。从此，朱棣对解缙的恩宠和礼遇大减。

永乐五年二月，汉王朱高煦等人诬陷解缙廷试阅卷不公，朱棣将解缙贬为广西布政司参议，放逐出京城。解缙行至中途，礼部郎中李至刚又趁机中伤，说解缙心怀不满，有怨恨之意。朱棣偏听李至刚之言，于是又将解缙改为交趾(今越南)布政司右参议，命他督饷化州。

明成祖朱棣

永乐八年(1410)，解缙进京奏事，正好赶上明成祖率军北征蒙古，由皇太子朱高炽监国，解缙只得拜见皇太子后就返回了。这本是无可非议的事，不想处心积虑的汉王朱高煦又从中做文章。他在朱棣面前诬陷解缙伺机私觐太子，而后不经请示自行返回，是目无君上。成祖听后怒不可遏，遂下令将解缙逮捕下狱。解缙入狱后，受尽严刑拷打，供词牵连多人，其中就包括那个落井下石的李至刚，李至刚因而也品尝了10余年的牢狱生活之苦。

永乐十三年(1415)，一个寒冷的冬日，大雪纷飞，解缙已在狱中待了5年。这天，锦衣卫统帅纪纲向朱棣汇报囚籍，朱棣见有解缙的姓名，大为惊奇地问纪纲："解缙还活着吗？"纪纲不是糊涂虫，会意而去。因为要应付的是天下知名的解才子，所以纪纲的方式也很独特而"文雅"。纪纲下令摆酒一桌，让解缙喝个痛快，等他喝得酩酊大醉后，纪纲便令人把他埋入积雪。可怜一代才子就这样葬身雪中，时年47岁。解缙的家产随后被抄归公，妻子儿女被发配辽东。

杨 士 奇

杨士奇(1365－1444)，宣宗朝和英宗初年内阁大臣。名寓，字东里。江西泰和人。曾靠教授学生维持生计。建文初被荐入翰林充编纂官，永乐初进左谕德，成祖北巡，常使留辅太子。仁宗即位，任礼部侍郎，兼华盖殿大学士。宣宗朝和英宗初年，长期辅政。与杨荣、杨溥并称"三杨"。著有《东里全集》、《文渊阁书目》、《历代名臣奏议》等。

谨慎供职　辅佐东宫

杨士奇自幼丧父，随母改嫁罗家，后恢复原来的杨姓。虽然家境贫寒，但杨士奇刻苦攻读，终于学业有成，为了生计，杨士奇便设馆以教授学生为业。建文帝初年，召集各地儒生纂修《太祖实录》，杨士奇被召入翰林院，担任编纂官。不久，建文帝命吏部考试评定史馆中各位儒生的文化程度和素质修养。吏部尚书看到杨士奇写的对策，说："这不是平常儒生所能说的话"，于是上奏他为第一名。朝廷由此任命杨士奇为吴王府副审理，但仍然让他在实录馆里供职。明成祖朱棣即位，改任编修。后来，选入内阁，掌管机密的军国大事，几个月后提升了侍讲。

永乐二年(1404)，成祖立长子朱高炽为皇太子，按惯例要挑选品行学问俱佳的大臣入太子东宫，对太子进行教育辅导。杨士奇被任命为左春坊左中允(东宫官)，

杨士奇

成为太子诸多老师中的一员。

永乐六年(1408)，明成祖朱棣巡幸北方，命杨士奇等人留在南京辅佐皇太子朱高炽，这期间，杨士奇发现朱高炽生性仁厚，笃好经史，更是尽心教导。

当初朱棣起兵靖难时，其次子汉王朱高煦屡建战功，成祖曾许诺朱高煦，靖难成功后立他为太子。朱棣很喜欢这个类似于自己的英武善战的儿子。但是这个朱高煦不喜欢读书。长子朱高炽身体肥胖，不善骑射，并有足疾，朱棣不喜欢他。但朱高炽笃好经史，仁爱宽厚，这一点很得他的那些文人出身的老师们的喜爱。后朱棣在群臣的建议和习惯法统的压力下，不得不立长子朱高炽为皇太子，但他本人内心依然不满。汉王朱高煦也为此心中怨恨。成祖又很怜爱幼子汉王，恩宠有加。

永乐十二年，成祖带兵北征，杨士奇等人仍辅佐太子留守京师。这时汉王朱高煦更加激烈地诬陷、中伤皇太子，在朱棣面前进谗言，搞得成祖朱棣又心神不宁。这时，杨士奇始终竭立教导、维护太子，在成祖面前替太子说了不少的好话。成祖班师回京时，太子迎驾迟缓，一气之下，朱棣下令将东宫官员黄淮等人都缉拿下狱，唯独宽免了杨士奇。成祖把太子严厉申斥一顿，又把杨士奇叫来问太子的状况。杨士奇说："太子的孝顺诚敬一如既往，所以接驾迟缓，都是我们臣子的罪过。"经过杨士奇的一番好言相慰，朱棣的怒气才慢慢平息下来。在杨士奇的竭力进言下，皇太子又渡过了一次信任危机。

永乐十四年(1417)，成祖在北京听说汉王朱高煦有异心，有图谋取代太子等不轨迹象，立即从北京赶回，召问蹇义。蹇义说不知此事。成祖又召见杨士奇，当成祖问及汉王之事时，杨士奇则直言不讳地请皇上认真考虑汉王的用心。成祖默然不语。王子谋反之事，关系重大，蹇义不敢说，但机智的杨士奇含蓄而有分寸地向朱棣暗示了汉王的异心。

汉王朱高煦图谋反叛的事情完全败露。朱棣大怒，下令削夺汉王的护卫，将他安置在乐安州(今山东广饶)。乐安州距离北京较近，即使作乱，也能很快将他擒获。至此，汉王朱高煦对太子地位的威胁基本解除。

执掌机务　效力显功

永乐二十二年(1424)秋，明成祖朱棣最后一次北征蒙古，于南返途中病逝。同年，太子朱高炽即位，是为仁宗。杨士奇晋升为礼部侍郎兼华盖殿大学士。

刚一即位，仁宗就令杨士奇草拟诏书，将诸如制造下西洋的宝船，在云南取宝

石，在交趾（今越南）采金珠，在撒弥罕等处取马和其他
采办、烧铸、进供等事项一概停办，以节省财政开支，
同时减轻了百姓的负担。

　　一次，杨士奇面奏仁宗说："皇上开恩减少岁
供的诏令刚下达两天，惜薪就传圣旨征收供枣80
万斤，这和前面所下的诏令是相矛盾的。"仁宗听
后，当即命令将征收数字减去一半。

　　实行礼仪制度是保持统治者权威的行之有效
的手段，又是维持社会稳定的关键之一，作为文
官的杨士奇深谙此道。成祖去世，仁宗为成祖服

明宣宗

孝已过27天，礼部尚书吕震请求皇上改穿吉服，皇上未答应。士奇认为按照礼制
不可以改穿吉服，就此事与吕震发生了争执。第二天，仁宗身穿白冠麻衣临朝巡视
百官，大臣中只有杨士奇和英国公张辅穿着孝服。皇上表彰士奇懂礼节，升他为少
保，并赐予他与杨荣、金幼孜"绳愆纠缪"银章，准许他有权密封上奏事情。之后
不久，杨士奇又被晋升为太傅。后来，又兼兵部尚书，同时领取三个职务的俸禄，
但杨士奇坚决辞谢尚书俸禄。

　　1425年，仁宗驾崩。六月，宣宗即位。宣宗继承其先父的事业并将其推向前进。

　　宣宗即位后很快就改革了科举制度。新的科举取士法是由杨士奇提出的。仁宗
在位时，杨士奇建议科举考试录取南、北士人。原来由于文化水平高低的不同，出
现了会试多取南方士人的严重现象。改革后，朝廷将考卷分南卷和北卷，让考生在
试卷上标明，并分配录取比例，北四南六，从地域上加以平衡。宣宗继位后，就按
这一改革方案录取士人。科举取士的改革，夯实了明王朝的统治基础，在一定程度
上控制了地区差距的扩大。

　　这时，明王朝同安南（越南）的关系又趋恶化。安南企图独立，明军几次征讨都
失利，王通损失约3万人，柳升损失7万人，物资损耗则不计其数。是否放弃安南
的议题摆到了内阁的桌面上。英国公张辅、尚书蹇义以下的大臣都认为放弃安南，
只能表明明王朝向其示弱。出于现实的考虑，杨士奇和杨荣都主张放弃安南，并以
汉代放弃珠涯为例，向宣宗说明了利害关系。宣宗下令遣使承认安南独立。双方罢
兵，明王朝因此每年节省了大量军费。

辅佐幼主　抑郁而终

　　1435年正月，宣宗病死，年仅9岁的太子朱祁镇即位，是为英宗。而70岁高
龄的大学士杨士奇受命辅佐，又开始了他辅佐第四个君主的历程。

皇帝年幼，军国大政实际上由张太皇太后裁决，太皇太后又委任德高望重的"三杨"——杨士奇、杨荣和杨溥主持政务。凡朝廷政务，都先决于内阁"三杨"，而后送太皇太后核准，最后交百司执行。而"三杨"从政日久，经验丰富，精明强干，也很自信，指挥若定，锐气不减当年。

正统初年，逐渐强大起来的蒙古瓦剌部严重威胁着明朝的北部边境。杨士奇深知北方边军物资短缺，武备松弛，担心边患一起，无力抵御。因此在正统初年他所建议实施的第一件事就是训练士兵，巩固边防力量。

不久，太监王振为英宗所宠信，逐渐干预朝廷政务，诱导英宗用严酷的的手段驭臣下，大臣们往往被投入监狱。朝廷大臣个个胆战心惊，如履薄冰，面对如此局面，杨士奇心急如焚，却也无能为力。

杨士奇的儿子杨稷傲慢狠毒，曾经侵害平民并用暴力杀人。主管监察的官员纷纷上奏弹劾杨稷。朝臣议论应立即对他依法惩处，于是便将杨稷押入监牢候审。杨士奇此时年老生病休假在家，英宗害怕他一时难以接受而伤了身体，便急忙下诏予以安慰勉励。杨士奇十分感动，但又因忧虑而使病情加重，卧床不起。正统九年(1444)三月，杨士奇去世，享年80岁。追赠太师，谥"文贞"。

严　嵩

严嵩(1480－1567)，明世宗朝内阁首辅。字惟中，江西分宜人。严嵩窃踞首辅20年之久，贪污纳贿，陷害忠良，培植私党，造成嘉靖时期政治异常黑暗的局面，经济、边防均遭极大破坏，是历史上有名的奸臣。

投机取巧　混入内阁

严嵩在弘治十八年(1505)中进士，后改庶吉士，授编修。严嵩身材修长，浓眉大眼，声音洪亮，诗文精熟颇有清誉。曾充任侍讲，在南京翰林院任职。正是他的文辞使得严嵩步步高升，飞黄腾达。

嘉靖七年，世宗朱厚熜命令身为礼部右侍郎的严嵩到湖北安陆祭告他生父兴献王的陵墓——显陵。祭罢显陵，严嵩回来复命时对世宗说："臣恭上宝册及奉安神床时，大雨都适时而停。产石地枣阳，成群的鹳鸟翔集环绕；把石碑运入汉江时，江水突然暴涨。这些都是上天垂怜关爱的吉兆，请命令辅臣撰文刻石以纪念。"世宗听了严嵩神乎其神的吹嘘，顿时龙颜大悦，当即派人办理此事，他也没忘了将严嵩晋升为吏部左侍郎。从此，世宗喜欢上了这个善于曲承帝意又会撰青词的严嵩。不久，严嵩便当上了南京礼部尚书。

严 嵩

明世宗有一个特点，特别迷信鬼神、幻想长生，因此经常打醮设斋。搞斋醮这类仪式需要"青词"。这种词是写给"天神"的奏章表文，形式上要求写成骈文，并用笔写在一种特制的青藤纸上，因此称为"青词"。由于世宗热心斋醮，所以许多大臣都因擅写"青词"而得宠。善于察言观色，巴结奉迎的严嵩，摸准了世宗的嗜好与个性特点，再加上颇有文才，青词写得十分出色，所以步步取得了这位昏君的宠信。

嘉靖十七年(1538)，世宗准备将生父兴献王神主移入太庙，遭到群臣反对。严嵩开始也追随众议，后来看到世宗面色不悦，随即见风使舵改变主张，并精心策划兴献王神主移入太庙的仪礼。世宗对这件事感到很满意，后来特意赐给严嵩金币作为奖赏。第二年皇城上空出现祥云，严嵩借此大做文章，请世宗入朝，受群臣朝贺。严嵩特意作《祥云赋》及《大礼告成赋》，极尽谄媚之能事。

世宗崇信道教，喜欢佩戴香叶巾，并命宫人仿制五顶香叶巾赐给夏言、严嵩等大臣。夏言认为根据朝廷礼制，香叶巾非大臣所有之物，拒不佩戴。可严嵩为了讨好世宗，每次进宫都佩戴香叶巾，上面再戴上官帽。世宗看到严嵩郑重其事的样子，心里更加亲信他而渐嫌夏言。严嵩见世宗对夏言的态度已发生改变，觉得对夏言下手的时机已经成熟。他一方面在世宗面前装出弱者形象，泪如雨下地说夏言欺负他；另一方面又谗言夏言傲慢犯上。世宗果然震怒，手敕礼部，历数夏言的罪过。嘉靖二十一年(1542)七月，将夏言削职为民。

夏言去职后，严嵩顺理成章地顶替夏言的缺，官拜武英大学士入值文渊阁，坐上首辅的交椅。

迫害忠良　贪污受贿

严嵩接掌内阁大权之后，为了巩固地位，开始极力排斥异己，对敢于揭露自己罪行的大臣更是不择手段地予以打击，不少仗义执言参劾严嵩的官员纷纷遭到迫害。

嘉靖二十七年(1548)，给事中厉汝进参劾严嵩父子恣行奸恶，被贬为典史，不久又削籍为民。嘉靖三十年(1551)正月，锦衣卫经略沈炼针对蒙古族俺答部的骚扰，上疏请以万骑护陵寝，万骑护通州军粮库，联合各路勤王的部队攻击俺答疲惫之师。该疏先至严嵩手中，他压着不报。沈炼得知此事后愤慨无比，再次上疏指斥严嵩父子奸行，揭露严嵩纳贿、擅权、陷害言官、嫉贤妒能等十大罪，要求世宗黜除此害。一向拒谏护短的世宗接到上疏后不仅没有责惩严嵩，反而下诏将沈炼廷杖后贬谪保安。沈练至保安后，当地老百姓对他十分敬重，很多人都送自己的子弟向他问学。沈练向他们教以忠义大节，师生经常在一起咒骂严嵩父子，并扎了李林甫、秦桧、严嵩三个草人作为靶子练习射箭。严嵩得知这一消息后顿时怒不可遏，不久便指使党羽杨顺捏造罪名将沈练杀害。

　　原兵部员外郎杨继盛对严嵩的恶行早已痛恨不已。嘉靖三十二年(1553)，升任兵部武选司仅一个月的杨继盛，出于为国除奸的一片忠心，愤然参劾严嵩。世宗此时已一意宠信严嵩，接疏后大怒，加之疏中有劝世宗"或召问二王，或询问阁臣"等语，认为这是杨继盛有意挑拨自己与诸王的关系。于是下令锦衣卫将杨继盛逮捕，廷杖100后押入监牢。杨继盛在狱中关了3年，世宗本来无意杀他，但严嵩认为让他活下来无异于养虎，便在另一个重要案件中无中生有地把杨继盛牵连进去，将他杀害。

　　在陷害忠良的同时，严嵩大树私党，在重要部门遍插亲信。其子严世蕃身任工部右侍郎，因严嵩年老体迈精力衰退，大事均委他办理。严嵩义子赵文华任工部尚书，并把持负责向皇帝呈送奏章的通政司。凡官员呈给世宗的奏章，必先由赵文华交副本给严嵩过目，经他批准的方能上奏。吏部文选郎与兵部职方郎也分别由严嵩的亲信担任。他俩被人称为严嵩的文武管家。此外如尚书吴鹏、欧阳必进、高耀、许烬等人，都是严嵩的死党。由于有严嵩撑腰，这些人个个骄横恣睢、飞扬跋扈。

　　严嵩还利用手中的权力贪污受贿，卖官鬻爵，大肆牟取私利。严嵩垮台后被抄家，共抄出黄金3万余两，白银200多万两，其他珍宝价值白银数百万两。

邪不压正　穷途末日

　　严嵩辅政后，常常让其子严世蕃入值房代为票拟，时人干脆称严氏父子为"大丞相、小丞相"。严世蕃通晓朝章国典，又畅晓时务，善能揣摸帝意。世宗交下的咨询手札，有时言辞深奥，严嵩常不能解其意，而严世蕃往往能参透世宗的言中之意，据之奏答，常能迎合世宗的心意。时逢严嵩的妻子病故，严世蕃在居丧期间不能进内阁代严嵩票拟。严嵩年已80余岁，头昏眼花，世宗所下御诏常不能应答，便派人拿回家去问世蕃。而严世蕃正和妻妾们淫乐，不能及时解决，中使守在值房催促，严嵩无可奈何，只好自己硬着头皮批答，往往言词不清，前后矛盾，世宗看后很不满，又拿回来让他修改，结果越弄越糟。本身严嵩年老体衰，反应迟钝，世宗早已有意疏远，如此一来，世宗对严嵩的不满日益加深。

　　嘉靖四十年(1561)，世宗所居永寿宫失火，于是移居玉熙殿。但世宗对玉熙殿很不满意，想新建一所宫殿，为此征询严嵩的意见。严嵩却建议他暂居南城离宫。南城是当年英宗被囚禁之地，世宗听了极不高兴。此后，凡军国大事都不让严嵩再过问了。

就在世宗对严嵩日渐不满之际，宫内来了个善于扶乩的道士——蓝道行。世宗对他深信不疑，问乩仙："天下为什么不治呢？"蓝道行假借乩仙之意说："贤不竟用，不肖不退耳！"世宗问贤与不肖各是指谁，蓝道行说："贤如徐阶、杨博，不肖如严嵩。"世宗又问："那么乩仙为何不除他呢？"蓝道行假借乩仙说："留待皇上正法。"一天，御史邹应龙在一个内监家里避雨，从内监口中得知了此事。邹应龙估计世宗已有除严嵩之意，于是下定弹劾严嵩的决心。在徐阶的暗中支持下，邹应龙上疏揭发严嵩"溺爱恶子，召贿市权"，揭发严世蕃"凭藉父权，专利无厌"。邹应龙还向皇上发誓："我所说的如果不实，请皇上斩下我的头向严氏父子谢罪。"世宗早有除严嵩之意，随即下令将严嵩罢职，其子严世蕃及孙严鹄谪戍边地。严嵩向世宗求情说："我已经84岁了，儿子和孙子都谪戍到边远之地，请求皇上允许他们移到近便的地方，以赡养老臣，让我度过不多的有生之年。"世宗没有答应他的请求，狂妄自大的严世蕃在去戍地的途中逃回了原籍江西，继续在乡里横行作恶，掠人钱财，并私通倭寇。他组织家兵4000余人，与其门客诽谤时政，收养江洋大盗，有潜谋造反之意。1564年，南京御史林润获悉此情后，起草奏疏，与徐阶讨论修改后，上奏世宗。世宗震怒，下令将严世蕃以大逆不道之罪处死，罢黜严嵩及其孙子为民，家产、房屋全部没收。严世蕃斩首之日，京城之人持酒观看，拍手称快。

年老体病的严嵩失去了往昔的一切权势和财产，乞求世宗允许他在家乡江西祖坟旁搭一草棚度日。隆庆元年(1576)，严嵩老死。

张 居 正

张居正(1525－1582)，明穆宗、神宗朝内阁首辅。字叔大，号太岳。江陵(今湖北江陵)人。张居正于嘉靖朝中进士。在主持朝政期间，大刀阔斧地改革，整吏治，强边备，改漕运，清土地，裁冗官，行一条鞭法，是中国历史上杰出的改革家。

少年得志 进为首辅

张居正，字叔大，号太岳，明嘉靖四年(1525)五月出生于湖北江陵。

张居正从小就被全家视为掌上明珠，爱护备至。无论是生活和启蒙学习方面，都得到特殊的照顾。由于天资聪颖，5岁时即被送到学校念书，入学后，张居正的天赋更加彰显，加之其学习用功，因此，不到10岁就懂得经书大义，诗词歌赋更是出口成章，信手拈成。

嘉靖十五年(1536)，12岁的张居正才华出众，以童试考中头名秀才，成为名震荆州的小秀才。嘉靖十六年(1537)八月，恰逢三年一度的举人考试，张居正应试未中。嘉靖十九年(1540)，16岁的张居正又参加乡试，此次，张居正终于如愿高中举人。当时的主考官顾璘对张居正说："古人说，大器晚成，此为对中才的说法罢了。而你并非中才，乃是大才。你千万不能以此为满足，再不求进取了。"嘉靖二十六年(1547)，张居正23岁

明世宗

时又考中二甲进士，授庶吉士，从此进入官场。

庶吉士只是一种见习的官员，没有实际的政务。而且作为一个新科进士，张居正没有发言权，也左右不了政局半分。但他那时却目睹了内阁大学士夏言与严嵩等人之间的明争暗斗，尤其是严嵩为了取得首辅地位竟然置国家利益于不顾，借收复河套之事陷力主抗蒙的夏言和曾铣于死地。残酷的现实使张居正认清了当时局势的紧张和政治的腐败。

接下来的庚戌之变，让张居正更加认清了朝廷兵备废弛和严嵩误国害民的嘴脸：嘉靖二十九年(庚戌年)六月，蒙古俺答率军攻到明朝北京城下，严嵩阻挠兵部出战，大明10余万兵马眼睁睁看着俺答兵在京郊大肆劫掠8日，竟没有一将一兵出阵发射一箭。俺答兵掠夺够了以后押运着大批男女、牲畜、金帛和财物扬长而去。

庚戌之变，让张居正对严嵩彻底绝望了。但此时严嵩是首辅，张居正深知此时还不能与他决裂，因此表面上仍与严嵩保持一种和谐关系，每次遇到严嵩都给予必要的尊敬。严嵩过生日，他也不忘作几首诗祝贺一番。这时，他已经把目光投向礼部尚书徐阶。在翰林院，徐阶是张居正的老师。嘉靖三十一年，世宗任命徐阶兼东阁大学士，参预机务。徐阶也开始注意张居正了，认为他是个不寻常的年轻人。

嘉靖三十九年，徐阶从少傅晋升为太子太师，张居正也从翰林院编修升为右春坊右中允兼国子监司业。此时的国子监祭酒是新郑人高拱。

严嵩和徐阶的斗争逐渐明朗起来。嘉靖三十七年(1558)三月，刑科给事中吴时来、刑部主事董传策同日上疏弹劾严嵩。前者是徐阶的门生，后者是徐阶的同乡。这次弹劾虽未成功，但世宗对严嵩的态度较前已有改变，他已开始逐渐疏远严嵩了。朝中军政大事也不再让严嵩过问了。1562年五月，御史邹应龙给了严嵩致命一击，在他的弹劾下，严嵩政权倒台了，徐阶进为首辅。不久，徐阶和高拱的对立逐渐尖锐起来。在明争暗斗中，高拱和徐阶相继罢职而去。

隆庆三年(1569)十二月，高拱复入内阁。

隆庆元年(1567)二月，张居正晋升为左侍即兼东阁大学士，入内阁参与机要政

中国宰相传

务。张居正单凭那套谨慎小心的作风，还是时时感到位置不稳。徐阶离任时曾托张居正照应自己的三个儿子，后来他的三个儿子都因犯事被问罪。在严重的局势下，张居正还是尽力为他们周旋。高拱的心腹们便在这件事上寻找机会，搜求张居正帮助徐阶的动机。

隆庆六年(1672)五月，穆宗中风而亡，皇太子朱翊钧才10岁。这又是一个权力重新更替组合的时期。高拱和张居正的决战就在这个时期展开了。

冯保在这一时期起了重要作用。穆宗在世时，冯保屡次想升任司礼监掌印太监，都因高拱从中作梗而告吹。他现在要报复了，他乘穆宗新丧的机会，在皇后、皇贵妃和张居正之间频繁活动起来。六月十六日，冯保向众臣宣读了皇后、皇贵妃和皇帝的手谕，指陈高拱揽权专政，蔑视幼主，下令革职回乡。

高拱被革职后，文渊阁仅剩下张居正一人独守，他也因此顺理成章地升为首辅。

改革吏治　推行新法

张居正出任内阁首辅后，对朝中空议盛行、不务实事、人浮于事、政令不通的现状很是担忧。他下决心要彻底改革吏治，为其他改革铺平道路。万历元年(1573)十月，张居正上疏请行考察绩效的"考成法"，神宗批准了他的请求。由于考成法赏罚分明，官员们办事的效率大大提高。

随着考成法的实施，张居正决心以推行考成法为中心，使腐败到极点的吏治得以整顿。张居正依法立限考成的三本账，严格控制着从中央到地方的各级官员。每逢考核地方官的"大计"之年，张居正便强调要把那些秉公办事、实心为民的官员列为上考，把那些专靠花言巧语骗取信任的官员列为下考，对于那些吃粮不管事的冗官，尽行裁革。在张居正当政期间，裁革的冗员约占官吏总数的三成。与此同时，张居正又广泛搜罗人才，把那些拥护改革、政绩卓著的官员提拔上来，委以重任。

张居正的改革，先从军事、政治着手，逐渐推向了经济方面。明朝中叶以来，随着土地兼并的发展和吏治的腐败，豪强地主与衙门吏胥相勾结，大量隐瞒土地，逃避税粮，无名征求，多如牛毛，致使民力殚竭，不得安生。为削除这种现象，张居正毅然决定推行"一条鞭法"。他首先在全国大量清查土地。万历十年(1582)，全国土地丈量工作基本完成。这次清丈查出隐占的田地300万顷，达到了预期的成功。虽然执行丈量的官吏有的改用小弓丈量以求田多，有的地方豪强也千方百计进行抵制，致使这一数字不很准确，但毕竟把大地主隐瞒的土地清查出一部分，对他们起了一定的抑制作用。

万历九年(1581)，张居正在清丈土地的基础上，在全国范围内实行赋役改革，推行著名的一条鞭法。早在嘉靖年间，潘季驯、海瑞等人就在广东、江南等地推行过一条鞭法，但把一条鞭法推向全国，并使其在中国历史上产生重大影响的却是张居正。

一条鞭法，即是将赋役中的各项名目如杂泛、均徭、力差、银差等合为一种，一律征收银两，并以田赋分担徭役钱，二者有一定比例，或"丁四粮六"(即将徭役钱的十分之六摊入田赋征收)，或"丁粮各半"。同时简化征收手续，由地方官直接征收赋役银。

推行一条鞭法时，张居正采取了循序渐进的策略。他在嘉靖、隆庆年间局部地区推行一条鞭法的基础上，于万历四年(1576)先把一条鞭法推行到湖广。当时有人提到一条鞭法的不利，甚至有人说一条鞭法便于官而不便于民。张居正只是说："法令贵在利民，……所以近来拟旨说，如果有利于民，则听任推行，如果不利于民，就不必强行实施。"经过一年的推行，情况有了好转，说一条鞭法不利于民的人只有十之一二了。张居正对一条鞭法更加感到有兴趣，他说："一条鞭法如果真能适宜于人民，何须分什么南方与北方呢？"于是他下令将一条鞭法向更广阔的地域推广，至万历九年(1581)正月，再用诏令通行全国，一条鞭法逐渐成为通行的制度。

一条鞭法的推行，不仅改革了税制，增加了财政收入，而且产生了超出经济之外的深远的影响。

门生发难　死后蒙冤

张居正在改革整顿中得罪了不少人，他们对张居正的改革触及自己的利益十分仇恨，也有的人是因为与张居正政见不和，甚至嫉妒其才能和权力。他们认为张居正以宰相自居，挟天子以令天下，太专权霸道了。这些人都在伺机向张居正发难。

后来，张居正的父亲去世，按旧例他要在家守孝3年，万历帝以"朕全依赖卿，哪能离开朕一日"为由诏令张居正不必回家守制。正在张居正犹豫不决的时候，以吏部尚书张瀚为首的一批张居正的门生却对他刀剑相逼，逼他离阁回家守制。经受了几次门生发难的沉重打击和为父奔丧的长途跋涉，张居正不幸身患重病，卧床不起，经多方医治也不见好转。

张居正自知行将不起，遂连上两疏，恳求万历帝准允致仕归去，以求生还江陵故土，但万历帝始终不准，万历十年(1852)六月二十日，张居正撇下老母去世。终年58岁。

张居正病重期间，明神宗万历皇帝十分伤心，送给他许多珍贵药物和补品，并对他说："先生于国功劳不能再大了，朕无以报谢，只得日后多照顾你的子孙是了。"张居正病逝后。神宗罢朝数日，并赠他为上柱国，赐谥"文忠"。然而没过几个月，明神宗就变脸了，加上那些在改革中被张居正得罪的人添油加醋地告状，张居正立刻遭到自上而下的批判，万历十一年三月，明神宗诏夺张居正上柱国封号和文忠谥号，并撤销其第四子张简修锦衣卫指挥的职务，还抄了他的家。

但是，张居正的改革业绩有目共睹，不可磨灭。因此，明熹宗天启二年(1622)，熹宗帝下诏为张居正平反昭雪，崇祯三年，礼部侍郎罗喻义挺身而出为张居正论冤，崇祯十三年，崇祯皇帝终于下诏恢复张居正长子张敬修官职，并授予张敬修的孙子张同敞为中书舍人。

范 文 程

范文程(1597－1666)，清初太宗及世祖朝大学士。字宪斗，宋朝名臣范仲淹的第十八世孙。崇德元年(1636)，范文程被任命为内秘书院大学士，并被封为二等甲喇章京；清世祖时被提升入镶黄旗；顺治九年(1652)又被提升为一等精奇哈尼番世职，授议政大臣。谥号"文肃"。

投身太祖 出谋划策

范文程出身于明朝官宦之家，其曾祖父范锪是明正德年间进士，明嘉靖时官至兵部尚书，其祖父范沉，曾任明沈阳卫指挥同知。尽管其父亲范楠终身未仕，却丝毫没有减损范氏名门的风采。这种风采更来自范文程的先祖——宋朝名臣范仲淹，因此格外引人注目。

范文程天资聪颖，勤奋好学，对儒家经典十分精熟，尤其喜爱历史。范文程18岁时与其兄范文采同时考取沈阳县学秀才，为范氏家族平添了一份荣光。

后金天命二年(1618)，努尔哈赤公开与明朝决裂，其斗争锋芒直接指向明王朝。是年四月，努尔哈赤召集部下，以"七大恨"为口实向明朝发起进攻，兵占抚顺、东州、马根丹三城及台堡500余处，所到之处纵兵掳掠。

这一年，范文程年仅21岁。当努尔哈赤攻陷抚顺之际，血气方刚的范文程"仗剑谒军门"，自愿投效后

清太祖努尔哈赤

金政权。努尔哈赤见范文程身材健硕、气宇不凡，心中大喜，随即询问其家世，范文程如实说出。听完范文程的陈述，努尔哈赤又问及天下军国大事，范文程对答如流，深得赞许。努尔哈赤当即收留范文程，并告诫手下人："此人是名臣之后，你们都要好好对待他。"范文程从此追随努尔哈赤左右，并参与了攻打辽阳、三岔、西平、广宁诸战役的策划。

天命十一年(1626)，一代英杰努尔哈赤去世，皇太极继承后金汗位，将次年改称天聪元年。皇太极即位后范文程进一步得到重用，随侍在皇太极左右。天聪三年(1629)皇太极伐明，范文程随行。他追随皇太极征战四方，入蓟门，克遵化，招服潘家口等五城。在大安战役和遵化保卫战中，范文程勇敢杀敌，论功授三等轻车都尉世职。

天聪三年冬，皇太极兵抵北京，明宁远巡抚袁崇焕、锦州总兵祖大寿奉谕护驾，双方在城郊大战数百回合，不分胜负。面对这种拉锯战的形势，范文程建议皇太极使用反间计，使狐疑满腹的明崇祯皇帝相信袁崇焕与清兵暗中勾结。此计果然灵验，袁崇焕迅即被捕，冤死狱中。袁崇焕之死使祖大寿惶惶不可终日，慌忙逃回锦州大本营。范文程的反间计不仅使清兵从容退出关外，而且巧妙地借刀杀人，为皇太极铲除了一位难以对付的明朝大将。皇太极从此对范文程另眼相待，命其参与帷幄，成为不离左右的重要谋士。是年，范文程33岁。

天聪六年(1632)，皇太极远征察哈尔。待大军行至归化(今呼和浩特)，方知林丹汗早已逃遁，留给皇太极的只是一座空城。时值盛夏，酷热难当，数万将士以及战马面临断水之灾。范文程等人上疏皇太极，指出惟有进攻明军方为上策，但表面上必须以议和为借口，以10日为限，背地里做好军事准备。明朝方面肯定会断然回绝，议和限期一到，马上发动大规模进攻，以壮军威。皇太极依计而行，饱掠而返。

崇德三年(1638)，皇太极改弘文馆为内二院。任命范文程为内秘书院大学士并封为二等甲喇章京。此后，凡军国机密大事，皇太极都召范文程入宫商议。皇太极性格暴躁，许多王公大臣动辄遭到训斥或革职，但唯独对范文程礼遇有加，宠信不已。

力主入关　创制安民

崇德八年(1643)，皇太极去世，其子顺治帝福临即位，是为清世宗。顺治即位后不久，便将范文程家族提升入镶黄旗，以显其尊。

顺治元年(1644)三月，李自成率领农民军开始进军北京。范文程得到传闻立即上书摄政王多尔衮，请求伐明以夺取中原天下。李自成农民军攻入北京，崇祯帝自缒。明朝灭亡的消息传到清王朝时，范文程还正在盖州温泉养病，多尔衮快马将其立即召回。范文程一到就对摄政王说，李自成涂炭中原，杀君灭后，清军应代天讨伐，拯救明朝百姓于水火之中

范文程的决策性大计很快得到了多尔衮和清廷的首肯。四月初九日，多尔衮率领大军直扑山海关，范文程抱病随行。四月十三日，清军前锋渡过辽河，明山海关总兵吴三桂投书乞降。范文程告诫多尔衮，当务之急必须借助吴三桂的力量打败李自成，否则定鼎北京无望。于是，清王朝接受了吴三桂的请降。

四月二十二日，多尔衮与吴三桂在山海关联手大败李自成军，然后马不停蹄向北京方向掩杀而去。在进军途中，范文程草拟文告，声称"义兵之来，为尔等复君父仇，所诛者惟闯贼。师律素严，必不汝害"。清廷也借重范文程的声望，所有文檄皆署文程官阶姓名，四处张贴，以收民心。

清军进入北京之后，百废待兴。"畿甸甫平，挞伐四出，文武甲兵，事无巨细，咸公综理之，案牍填委，昼夜立阙下，并观兼听，剖决如流"，充分显示出范文程全面的治国才干和清廷对他的器重。为了迅速稳定局势，范文程协助多尔衮颁布了一系列得力措施：为明崇祯皇帝隆重发丧；严禁清兵抢劫，对市棍地痞将所掠宫中财物列市叫卖予以取缔；禁止平民百姓以"搜捕逆贼"为名相互讦告；任用明朝的大批降官；并广开言路，征求人才。此外，范文程还建议减轻了明朝末年繁重的赋税，并倡导历经战乱的省份开荒垦田、恢复生产。

顺治七年(1650)十二月，多尔衮去世，福临亲政。一次，福临与范文程探讨治国之道，范文程强调说，君明臣良，行善合天，必须实行顺乎民心的政策。他尤为注重财政问题，建议广兴屯田，奖励垦植，恢复濒于崩溃的农业生产。认为此举既可招抚流民，稳定社会秩序，又可制民之产，充实国库，以备荒馑所需。范文程的屯田等建议，多被福临欣然采纳，成为清廷正式颁行的国家政策。

恪尽职守　恩遇益隆

清兵攻占北京之后，范文程建议清廷照旧录用明朝各衙门官员使他们在京内阁、六部、都察院等衙门都以原官同满官一起办公。这一举措既可以在新旧交替的战争环境中维持国家机器的正常运转，又可以笼络、安抚一大批故明官员，使其效忠清廷。当时，故明尚书倪元璐的家属上书范文程，要求扶丧南归。范文程"立遣骑持令箭送至张湾，于是殉难诸臣之丧，多次第南归"。范文程以礼相待的宽柔行为，赢得了汉族地主阶级的普遍好感。

在如何选拔国家官员的问题上，范文程上书清廷，提出了四项标准，即"不论满汉，不拘资格，不计亲疏，取正直才守之人"，这些重要的建议，顺治帝颇为首

肯，多被采纳施行。范文程特别重视开科取士，争取汉族知识分子对清王朝的支持。

范文程对那些敢于直言、秉公执法的臣僚颇为关注。如当时的著名谏臣魏象枢，常在朝中"与诸大臣抗辩是非"，因而往往遭到权贵们的敌视。但范文程很赏识他，说："直哉，此我国家任事之臣也。"所以，后来的大学士李蔚称道范文程"培养人才，保护善类，尤为注意"。

顺治帝勤于政事，曾多次到内院视察，并就有关事情询问诸大臣。每次范文程都因为率先回奏而受到嘉奖。有一年端午节，其他大臣都休假在家，只有范文程一人值班。顺治帝看后十分感动，对他说："借此节日一图安乐，人之常情。卿工独不休，以国事为重，诚国之重臣也。"范文程借这个机会，又向皇帝说道："君明臣良，必相互督促，始能承天意，尽国事。"顺治帝说："自今以后，我有过必改，卿也应勤加提醒，毋忘其责。"

顺治十一年(1654)八月，顺治帝特加范文程荣衔太子太保。范文程上疏辞谢，同时自陈年老多病，乞求辞官休养。九月，顺治帝特降旨挽留并晋范文程为太子太师。不久，接受了他的辞呈。顺治帝因范文程是历经三朝的旧臣，有大功于国家，对他礼遇甚厚。范文程患病时，顺治帝不仅亲去探视，还亲自为其选药。并命画工到其家为他画像，藏之于宫内。至于赏赐御用之物更是数不胜数。因范文程身材高大，顺治帝为此曾多次命人为其特制衣服鞋帽。

康熙帝即位之后，范文程曾受命回沈阳祭告太宗皇太极的陵墓。范文程想起与太宗朝夕与共，哀痛不已，从此一病不起。康熙五年(1666)八月，范文程去世，终年70岁。康熙皇帝亲自为其撰写了祭文，并遣礼部侍郎亲去祭祀，赐葬在怀柔红螺山，立碑记绩，并赐御书匾额"元辅高风"。

洪　承　畴

洪承畴(1593－1665)，字彦演，号亨九，福建南安人。明末重臣，明崇祯帝时曾任陕西总督、蓟辽总督。清顺治帝时曾任翰林弘文院大学士，兵部尚书兼都察院右副都御史。谥号"文襄"。

跻身仕途　明末重臣

洪承畴的先祖本姓陈，在唐代由陕西谪贬至闽。再数传至温斋公时，家道中落，入赘洪家，遂改姓洪。洪承畴出生时，父亲因家贫而外出谋生，母亲傅氏含辛茹苦把他养大成人。傅氏知书达理，从小就以诗文对洪承畴进行启蒙。傅氏对儿子管教极严，希望日后能出人头地。聪明勤奋的洪承畴7岁时曾在家乡溪溢馆读书，11岁那年因家贫辍学，帮助母亲做豆腐干，艰难度日。后来办村学的才子洪启胤发现洪承畴极有天分且抱负不凡，便免费收他为徒。洪承畴重返学堂，刻苦攻读，博览群书。

明万历四十三年(1615)，23岁的洪承畴赴省城参加乡试，中了第19名举人。次年，赴京会试，连登科，为殿试二甲第14名，赐进士出身。

明万历四十四年(1616)，中了进士的洪承畴被命为刑部江西清吏司主事，随后又任刑部贵州、云南清吏司主事，从此开始了他马不停蹄、苦心孤诣的政治生涯。

洪承畴

明天启二年(1622)，身处而立之年的洪承畴被擢升两浙提学道佥事，不久又升迁为两浙承宣布政使左参议。天启七年，洪承畴出任陕西督粮道参议。

明朝末年，农民起义风起云涌，陕西尤为突出。这期间高迎祥、张献忠、李自成军先后起义，陕西境内共有大小义军百余部。时任陕西督粮道参议的洪承畴带兵杀敌，屡获胜利，一时间名声大噪。

崇祯三年(1630)，因洪承畴学过兵法，善于治军，朝廷任命洪承畴为延绥巡抚。次年，洪承畴升任陕西三边总督，主持镇压陕西农民起义军的事宜。他根据义军缺乏经验、各自为政的弱点，制定了以剿为主、以抚为辅、分割包抄、各个击破的作战方针，残酷镇压了王左挂、点灯子、不沾泥等多支农民起义军。崇祯七年十二月，洪承畴被擢升为兵部尚书，总督河南、山西、陕西、湖广、保定等处军务，并兼任陕西三边总督，成为镇压明末农民起义军的军事总指挥。

崇祯八年正月，高迎祥率义军攻入安徽凤阳，火烧皇陵，挖了明太祖朱元璋的祖坟。同年六月，洪承畴的心腹大将曹文诏兵败自杀。这两则消息，使朝廷上下对洪承畴颇有微辞。八月，明廷以洪承畴统辖太广、顾此失彼为由，决定以潼关为界，由湖广巡抚卢象升办理关外军务，洪承畴专门负责关内军务，对高迎祥等义军首领实施重点打击。崇祯九年七月，洪承畴用反间计俘获高迎祥，将其押解北京杀害。

洪承畴治军有方，镇压农民起义军接连获胜，尤其是俘杀高迎祥、多次打败李自成，在朝廷内部颂声大起，称洪承畴的军队为"洪军"。

决战锦州　松山被俘

　　崇祯十一年(1638)九月，清军两路南下，清军一路势如破竹、所向披靡，很快广平、顺德、大名、高阳相继失守，京师告急。还来不及卸下战袍喘息片刻的洪承畴接到皇帝诏令，火速入卫京师。崇祯十一年(1638)十二月，奉命总督天下援兵的卢象升率领数千明军与数万清军鏖战于巨鹿贾庄，血染疆场，为国捐躯。崇祯十二年初，洪承畴被任命为蓟辽总督，主持对清战事。

　　崇祯十三年三月，皇太极命令清军对明朝在关外的军事重镇锦州实行战略包围，明清之间的决战由此拉开帷幕。由于锦州守将祖大寿一再告急，所以明廷下令洪承畴率明军主力出关解围。崇祯十四年五月，洪承畴率军抵达松山，初战告捷，击败清名将济尔哈朗、多铎。六月，皇太极另命多尔衮、豪格围困锦州。

　　身为明军主帅，洪承畴主张步步为营、战守结合，以持久战解除锦州之围。因此，至七月底，洪承畴仍然坐镇松山，明清双方处于战略相持阶段。但明廷政治极端腐败，崇祯帝又性多疑忌，用人不专。片面听信兵部尚书陈新甲力主速战的意见，密敕洪承畴刻期进兵。陈新甲还派兵部职方郎中张若骐做监军，到前线督促洪承畴速战速决。洪承畴无奈，只得调集宣府总兵杨国柱、大同总兵王朴、密云总兵唐通、玉田总兵曹变蛟、蓟州总兵白广恩、前屯卫总兵王廷臣、山海总兵马科、宁远总兵吴三桂等8员大将，计精兵13万人，战马4万匹，旌旗招展，直扑锦州。至此，松锦战役正式进入战略决战的关键时期。

　　八月，皇太极得知明援兵已到，便亲率大军从盛京赶赴增援，部署在明军的南面。济尔哈朗军攻锦州外城，截断明军的联系，切断明军粮道，断绝洪承畴归路，对明军形成合围之势。明锦州守将祖大寿不敢出战。随后，皇太极又派兵夺了塔山之粮。明军的战略意图是在松锦之间与清军决战，现在却被清军切断后方粮道供应，存粮只剩3日，造成了心理上的恐慌，洪承畴主张决一死战，而各部总兵官主张南撤，最后集议背山突围。

　　两军交战后，洪承畴背松山列阵，派兵冲击清营，一冲不破，便决定撤退。结果明军10余万人土崩瓦解，先后被斩杀者53000多人，自相践踏死者及赴海死者更是不计其数。洪承畴带领剩下的残兵万余人，被清军团团围困在松山，饷援皆绝。崇祯十五年(1642)一月，洪承畴听说朝廷援军赶到，又派6000人马出城夜袭，被清军击败。败兵欲退入城内，但洪承畴见后有追兵，竟下令关闭城门，因此败兵大部被歼。洪承畴不敢再战，而朝廷援军也因害怕清军不敢前来。就这样，松山一直被围困了半年之久，城中粮食殆尽，松山副将夏承德叩请清军，愿拿儿子夏舒做人质约降。三月，清军应邀夜攻，松山城破，洪承畴被俘。

审时度势　背明降清

　　洪承畴是崇祯皇帝的股肱之臣，文武兼备，谋略过人。被俘后，清太宗皇太极为今后逐鹿中原打算，一心争取其归顺，下旨以礼护送他到盛京（今沈阳）；同时，皇太极又命令将与洪承畴一起被俘的巡抚邱民仰等人斩首，以此来威吓洪承畴。

清太宗皇太极

　　到了盛京，皇太极派满汉文武官员轮流劝降，均遭洪承畴拒绝；清将发怒，举刀威胁，洪承畴"延颈承刃"，始终不屈，并以绝食明志。皇太极得知洪承畴好色，每日派10多个美女陪伴，但洪承畴仍不为所动。

　　皇太极无计可施，特命最受宠信的大学士、吏部尚书范文程前去劝降。范文程不提招降之事，与洪承畴谈古论今，同时悄悄地察言观色。谈话之间，梁上落下来一块燕泥，掉在洪承畴的衣服上。洪承畴一面说话，一面"屡拂拭之"。范文程不动声色，告辞出来，回奏皇太极，说洪承畴有贪生之念，并无必死的决心。皇太极接受范文程、张存仕意见，对洪承畴备加关照，恩遇礼厚。

　　当夜，一位婀娜多姿、风情万种的妙龄女子，密携人参汤款款地走到洪承畴的榻边。洪承畴闭目面壁，毫不理睬。妙龄女子不断劝饮，同时把汤壶送到洪承畴唇边。洪承畴不知这"水"是人参汤，便出乎意料地喝了一口。丽人又如此再劝，洪承畴竟连饮了几口。

　　隔日，皇太极亲临太庙，洪承畴立而不跪。皇太极问寒问暖，见洪承畴衣服单薄，当即脱下自己身上的貂裘，披在洪承畴的身上。洪承畴感念皇太极的知遇，感叹皇太极"真命世之主也"，然后叩头请降。随即剃发易服，归顺大清。皇太极大喜，委以洪承畴重任。后来，洪承畴得知那天夜里把壶劝饮的妙龄女子竟是当今皇上最宠爱的庄妃博尔济吉特氏。

　　洪承畴本是明朝能臣，位高权重，口碑也不错，既为皇帝倚重，也受同僚部下的推崇爱戴。松山兵败，举朝大震，都以为洪承畴必死无疑，崇祯皇帝极为痛悼，辍朝三日，以王侯规格"予祭十六坛"，七日一坛，于五月十日亲自致祭，还御制"悼洪经略文"昭告天下。祭到第九坛时，洪承畴降清消息传来，御祭始罢。

　　洪承畴降清后，清太宗命隶镶黄旗汉军，表面上对他恩礼有加，实际上并未放松对他的防范，除咨询外，使其在家不得任意出入。洪承畴终皇太极一朝，也没有被任以官职。

中国宰相传

深受器重　安抚江南

皇太极对洪承畴严加防范，也未曾授于他一官半职，但是顺治帝对洪承畴却十分器重，清兵入关后，顺治帝便以其仕明时原职衔任命他为太子太保、兵部尚书兼都察院右都御史，入内院佐理军务，授秘书院大学士。

顺治二年(1645)五月，多铎率军攻占南京。骄狂的清廷认为江山已定，遂令全国百姓依照满人风俗剃发易服，立刻激起江南汉族民众的强烈反抗，一时抗清浪潮风起云涌。同时，逃亡江南的地主、官僚建立政权，号称南明。面对这种义旗四举、民怨沸腾的混乱局面，清廷认为必须派一名颇有号召力且文武双全、才具出众的汉族官员前去招抚江南，此人非洪承畴莫属。一日上朝，多尔衮说："我见他做得来，诸王亦荐他好，故令他南去。"并授予他"招抚南方总督军务大学士"印，令他刻日起程。洪承畴奉命，立即启程赴江南，以原官总督军务，招抚江南各省。

洪承畴率军来到江南，采取以抚为主，以剿为辅的策略。重点打击朱元璋九世孙朱聿键在福建建立的隆武政权，以及朱元璋十世孙朱以海在浙江建立的鲁王政权。在民族矛盾日益尖锐的关头，这两个南明政权在汉人心目中颇有凝聚力，江南各省的抗清力量纷纷汇集在它的周围，甚至李自成余部30万人在李过、高一功的率领下也与其联手抗清。鉴于隆武政权内部争权夺利、人心涣散，洪承畴一面诱俘其大学士黄道周，一面成功招降手握军政实权的大臣郑芝龙，致使清军趁势而入，很快就铲除了该政权。在此前后三年中，洪承畴分别击溃安徽金声领导的抗清义军，浙江的鲁王军队以及分散的故明宗室的抗清势力。洪承畴对南明诸王和顽固的抗清分子采取格杀勿论的血腥政策，将其首级遍传江南江北各地游示，以儆效尤。他用"抚"的办法兵不血刃地安定了宁国、徽州、南昌、南康、九江、瑞州、饶州、临江、吉安、广信、建昌等府，又用"剿"的办法攻占绩溪、婺源等地。南明鲁王朱以海号监国，占有浙江绍兴、宁波、温州、台州等。顺治三年，明朝给事中陈子龙接受鲁王封官，谋集太湖一带明军溃兵起义，洪承畴率兵追捕，陈子龙跳水自杀。

洪承畴采取剿抚并用的策略，以一系列措施减轻百姓负担。刺激经济发展，尽量避免过多的武装冲突和流血牺牲，为促进国家迅速统一和安定社会秩序起了积极作用。洪承畴以他的文韬武略，为清初的文治武功做出了巨大的贡献。

临危受命　经略五省

　　顺治五年以后，伴随着清朝国家机器的不断强化，江南抗清斗争战火复燃，高潮叠起。顺治帝遍察廷臣，认为只有洪承畴堪当力挽狂澜之重任，遂于顺治十年(1653)五月任命洪承畴为太保兼太子太师，经略湖广、广东(后改为江西)、广西、云南、贵州五省，总督军务，兼理粮饷，吏、兵二部不得掣肘，户部不得稽迟。此时的洪承畴已是61岁高龄，按礼制早该退休归养，顺治帝却破例委以重任。其重视程度可见一斑。临行，顺治帝亲自设宴饯行并赐宝刀、宝马。洪承畴有感于皇恩浩荡，不禁老泪纵横。

　　洪承畴入湖之后，制定了严防重镇、互为掎角、先安湖广、后平云贵的方略，基本上停止了大规模攻势作战。他以湖南为中心，实行屯田、备粮、修城、设水师作长期计划。经过洪承畴一年多的苦心经营，湖南一带的政治军事形势朝着有利于清廷的方向发展。顺治十一年(1654)底，李定国围攻广东新会，欲与郑成功会师北伐，遭到惨败。洪承畴慑于李定国的声威，没有出兵攻占李定国的根据地广西。当李定国兵败撤退时，洪承畴也没有派兵截杀，从而坐失良机。顺治十二年五月，孙可望率义军进攻岳州、武昌、常德。洪承畴大败孙可望，使其撤回贵州。尽管洪承畴屡屡击败抗清力量，使湖南固若金汤，但他始终未能打破军事上的僵局，对李定国、孙可望等抗清首领的招降工作也丝毫没有进展。

　　四川巡抚李国英批评洪承畴以守为战的策略必致师老财匮而坐困。前线八旗官兵如宁南靖寇大将军阿尔津等人，也对洪承畴按兵不动、坐失战机颇为不满。面对内外夹击，洪承畴声称自己一筹莫展、寸土未恢，以有罪、无能、老疾为由，要求清廷罢斥处分。顺治帝对洪承畴不免有些失望，先是优旨慰留，旋即将他解任。正当洪承畴打算启程回京之时，顺治十四年(1657)十一月中旬，前线传来义军发生内讧、孙可望愿意降清的消息。老谋深算的洪承畴为之一振，觉得此时正是自己反败为胜的绝妙良机，立即提请留任，并且把孙可望的降清说成是数年来以守为攻策略的胜利。清廷念于洪承畴长期忠诚效力，经验丰富，虽偶有过失，仍可倚重，便批准了他的请求。同时下令宁南靖寇大将军罗托等出湖南，平西大将军吴三桂等出四川，征南将军卓布泰等出广西，分兵三路，进取贵州。

　　顺治十六年(1659)，清军攻占云南，李定国和永历帝逃往缅甸。清廷密咨洪承畴，让他率大军进剿。洪承畴却不以为然，反而呈请朝廷暂停进兵，认为"须

清·顺治帝

先安内，乃可剿外"，当务之急是恢复生产，筹措粮草，休整士卒，安抚土司，稳定民心，断绝李定国的退路，使其"潜藏边界，无居无食，瘴疠受病，内变易生，机有可俟"，然后举兵入缅，以净根株。清廷接受了洪承畴的建议，决定于次年入缅围剿。后来，永历帝被害，李定国忧愤而死。

洪承畴受命经略五省，使江南的危难时局再度出现转机，不但湖广地区得以平定，而且云贵诸省的抗清力量也多被剿灭。虽然遭到廷臣们的非难，却也没有辜负清廷对他的期望。就在西南局势大定之际，顺治十六年，66岁高龄的洪承畴由于日理万机、劳累过度，他的右眼已经失明，左眼视力严重下降，咫尺之内不辨人形，只有对方大声说话才能知道是谁。钦差大臣麻勒吉从北京来到云南，见洪承畴两鬓斑白，面容瘦削，憔悴不堪，与往昔在京所见判若两人，急忙惊问他何以苍老到如此地步。洪承畴摇头挥手，含笑不语。顺治十六年(1659)，洪承畴以年迈多病为由上书请求清廷回朝休养，洪承畴乞休的奏章到达北京后的第7天，顺治帝就同意了他的请求。次年正月，洪承畴奉命解任回京调理。

洪承畴回京刚刚一年，即顺治十八年(1661)正月，对他信之独真、任之独专、用之独久的顺治帝离开人世。8岁的皇子玄烨即位，是为康熙帝。五月，洪承畴上疏请求辞官归养，朝廷几经争论，康熙帝才授以三等阿达哈哈母(轻车都尉)世袭。准其退休。

康熙四年(1665)二月，洪承畴因病去世，享年73岁。赠少师，谥"文襄"。

李　光　地

李光地(1642－1718)，康熙朝大学士。字晋卿，号厚庵。福建安溪人。

献策平乱　荐贤收台

李光地生于小康之家的书香门弟，清初战乱中家道中落。顺治十二年(1655)李光地14岁时，全家11人一起陷于贼手，一年后被其叔父营救得脱。康熙九年(1670)，李光地中进士，选为翰林院庶吉士，命学满文。康熙十一年授编修，一年后准其离职回乡。

康熙十三年(1674)，耿精忠在福州叛乱，在家乡的李光地表面应付叛军，暗地里为清廷打探军情。康熙十四年(1675)五月，李光地通过对耿精忠、郑锦军事形势的仔细分析，向康熙帝进蜡丸密疏，提供破耿、郑的妙策，密疏指出：福建疆域窄小，自从耿、郑两军割据以来，勒索人民敲骨吸髓，致使民力已尽。敌军粮尽兵疲，已呈穷途末路之势。南下清军应抓住时机急攻，不宜拖延时日，以致夜长梦多，生出变故。当时，耿精忠大军聚集在仙霞关、杉关一线，郑锦的主力集中于漳州、潮州地区，只有汀州通往赣州的小路防守薄弱。他建议挑选精兵万人，利用敌军防守的薄弱环节，以开往广东为名，由赣州直抵汀州，七八天就可以到达。耿、郑想派兵救援，最快也要一个月才能赶到，那时清朝大军已进入福建了。"避实击虚，迅雷不及掩耳"，定可获胜。汀州小路崎岖，应以乡兵、步兵、马兵为序，以保万无一失。敌军主力

清·康熙帝

都在前线，内地空虚，清军如果深入内地，则各路敌军不战自溃。他建议康熙帝命令带兵将帅侦察虚实，随机应变，以求速胜。康熙帝得到密疏后，深为感动，连称李光地"真忠臣也"！ 他将密信交给兵部和领兵大臣们参考。后来由于军情变化，清军无法进兵汀州，康亲王杰书只得出兵衢州，攻克仙霞关，收建宁、延平，耿精忠投降。清军进驻福州，都统拉哈达等率军讨伐郑锦，并寻找李光地的下落。康熙十六年，清军收复泉州，李光地到漳州拜见拉哈达，康亲王得知后，上书康熙帝，称赞李光地"忠贞为国，颠沛流离，矢志不移"，应该给予褒扬。当年三月，朝廷破格提拔李光地为待翰林院读学士。

康熙十七年(1678)，漳浦人蔡寅率众数万（头裹白巾，号称"白头军"），兵围安溪。当时李光地因父丧在家守孝，他出面招集乡兵，拒险抵抗义军的攻击。他威胁各乡百姓，如果私自资助义军粮饷便是贼，必定移兵先行剿灭。在他的威胁下，各乡百姓没有人敢帮助义军。蔡寅的白头军在内无粮饷、外受追击的情况下，被迫前往投奔郑锦。此时，郑锦的名将刘国轩连克海澄、漳平各县，控制了万安、江东二桥，兵锋直指泉州，泉州告急。李光地秘密派其使者从水道潜入泉州城，向守城清军出示宁海将军的印信绢书，让他们坚守城池，等待援兵的到来。随后，李光地亲自动手，为清军筹措粮饷，备足犒师物品，前往躬迎清军。不久，泉州转危为安。这次又让康熙帝感动不已，称赞李光地"矢志灭贼，实心为国"，并提拔他为翰林院学士。

康熙十九年(1680)七月，李光地服孝期满返京，升任内阁学士。这时，李光地认为收复台湾的条件已趋成熟，他向康熙帝建议：郑锦死后，其子郑克塽年幼，部下骄纵，争权夺利，人民不堪忍受郑氏政权的残暴统治，盼望统一。应抓住这个时机，迅速出兵，一定能克敌制胜。康熙帝召集众臣廷议，诸臣都认为海洋遥远险恶，风涛不测，很难保证长驱制胜，万无一失。福建水师提督甚至上《三难六不可疏》加以阻挠。李光地仍不愿放弃，力主机不可失，应赶紧进取。次年，康熙帝下

定决心，力排众议，命李光地推荐收复台湾的主帅。李光地认为只有大臣施琅能胜任此重任。康熙问其中缘由。他说：施琅全家都被郑氏所杀，这样的血海深仇，他一定会刻骨铭心；而且众将之中只有施琅最熟悉海上情势；他智勇兼备，无人可比。郑氏所害怕的，就唯独这一个人，用他任主帅，则在气势上已占了优势。李光地又说：澎湖是台湾的门户，如果此地一失，郑氏政权必定发生内乱，前来投降。康熙帝觉得李光地的分析很有道理，于是命施琅为福建水师提督，准备进军台湾。康熙二十一年(1682)五月，给事中孙蕙又上疏建议缓取台湾，李光地认为不可，仍坚持前议，他说"海上凭风信，可进则进，可止则止，提督施琅熟悉水师，料想不会出什么意外"。同月，李光地送母亲回家乡，在福建他知悉了施琅进取台湾的全部计划，连声称赞："着着胜算，语语中机，业已成功，可喜可贺！"康熙二十二年(1683)，施琅终于不负众望，率军成功收复了台湾。

抱病劳作　治河安民

　　施琅收复台湾之后，康熙认为李光地举贤有功，授于他翰林院掌院学士。康熙二十九年初，李光地任兵部侍郎。康熙三十三年，兼直隶学政。康熙三十六年并兼工部侍郎。

　　康熙三十七年，李光地出任直隶巡抚。当时，北京周围广大地区屡次遭受水灾，康熙帝怕漳河与滹沱河合流而引起下游河水泛滥成灾，命李光地疏浚漳河故道，引漳河水进入运河，减少滹沱河的水流量。李光地上疏说："漳河现在分为三支：一支从广平经魏县、元城，到山东馆陶流入卫河，并进入运河；一支是老漳河，自山东丘县(今属河北)经南宫等县，与完固口合流，至鲍家嘴进入运河；一支是小漳河，自丘县经广宗、钜鹿(今均属河北)流入滏阳河，又经束鹿、冀州进入滹沱河。由衡水到献县的完固口又分为两支，支流与老漳河会合汇入运河，主流经河间、大城、静海流入子牙河，最后汇集至白洋淀。现在，自馆陶进入卫河的这一段河浅流缓，应进行浚深拓宽，在完固口修筑大坝，堵住流入老漳河的支流，使其还归滹沱河；再在静海的阎、留二庄修筑大堤，收束河水进入白洋淀，不使其泛滥成灾。"康熙帝同意了这一方案。不久，李光地又上奏说："霸州、永清、宛平、良乡、固安、高阳、献县因疏浚和开挖新的河道，占用民田139顷，请朝廷豁免他们的赋税。"朝廷准奏。康熙三十九年，康熙皇帝视察子牙河工地，命李光地自献县开始，在子牙河两岸修筑长堤，西至大城，东达静海，长200余里；又在静海广福楼、焦家口开挖新河，将水引入白洋淀。这样，河水水流畅通，毫无阻挡，也就避免了水患。治河工程中，李光地历尽辛苦，和河工们一起辗转各地，视察勘测，风餐露宿。虽然积劳成疾，染病在身，但他为了尽快完成工程，坚持抱病劳作。康熙四十年(1701)，永定河工程竣工，康熙帝手书"朕志澄清"匾额及御制永定河诗、御服、衣冠赏赐给李光地，以示褒奖。

康熙四十二年(1703)四月，康熙再次褒扬李光地治理河水的功绩，提拔他为吏部尚书，仍管直隶巡抚的事务。在吏部任上，李光地对兵制、官俸、蠲免等都提出了自己的建议和主张。他上疏说："如果遇到免除赋税的年头，应立即停止征收拖欠赋税，这样人民才能终年休养生息，这实在是大仁大德之举啊。"李光地任吏部尚书，政绩得到众人的一致承认，"官吏兵民，无不心服"。

推崇理学　病死任所

天资极高的李光地年轻时就对理学很感兴趣，从17岁起就"立志向学"。程朱性理之学尤其令他青睐，成为他的不易之学。在此后的6年里，他纂辑了《性理》、《四书》、《周易》各一部。他后来自称这三部书是他学术的根基之作。程朱理学在明中后期心学的冲击下，本已呈衰微之势，在清初统治者的扶植下，又出现了一种"回光返照"的气象。在此局面下，李光地也许是为了顺应统治者的要求，对程朱理学笃信不移，"穷极深微"。他平时谈经讲学，都以朱熹为宗，非程朱之学不言。

康熙帝也是一位提倡理学并且推崇理学的皇帝。他"朕好程朱，深谈性理"，居常讲论，无不以朱子之学为正宗。康熙十七年，诏举博学鸿儒，备顾问著作之选，罗致天下名士学者143人，使许多理学名士受到优宠，甚至显赫一世。

康熙二十五年，李光地升授翰林院掌院学士，经筵讲官。君臣二人之间的关系更趋密切，康熙帝有时召李光地和他探讨一些理学问题，每次都长达二三个时辰，而李光地为了投康熙帝所好，在其侍讲和修书等场合中都部分外卖力。他称朱熹之功，"可与日月争光"。对康熙帝"大信朱子"，甚为高兴。康熙四十五年五月，李光地秉康熙帝御旨，承修《朱子全书》。当时，康熙帝亲自著有《御纂朱子全书》、《周易折中》及《性理精义》等书，都由李光地校对整理，作为清代官方典籍。在承修《周易折中》时，康熙帝对李光地说："此书非卿万不能辨其是非。"康熙帝经常将他召入便殿，相互探讨。康熙五十一年(1712)，经李光地提议，朱熹被捧到前所未有的高度，将其灵牌抬进孔庙，配祀于"十哲"之列。康熙帝对此深表赞赏，说："我认为孔孟之后，在文化教化上，朱熹的功劳最为宏大。"从此，康熙帝和李光地之间的关系超过了以往任何一个时期。

这时，李光地已年过七旬，身患疝疾，而且疮毒蔓延，双手肿硬。他虽然荣宠已极，但由于朝内局势动荡不安，也有"惴惴危惧，如临渊谷"之感。因此，从康熙五十年起，他就多次上疏申请退休，但康熙帝坚持慰留，说："看到你申请退休的奏折，我心中惨然。想当年的旧臣，如今所剩无几。像你这样知心的大臣，也不过一二人了。如今我已老了，实在不忍言及退休之事。"李光地感激涕零。为了使李光地早日康复，康熙帝教给他"坐汤"之法，嘱咐他坚持治疗。从这年九月到年底，康熙四次赐给他鹿尾等多种补品和配合坐汤的九坛海水。同年十一月，李光地稍愈后，赴畅春园叩谢。康熙帝命人在园中备馆设帐，亲自察看李光地的病患之处，好言安慰。二人议商国事，倾心交谈。李光地退出后，康熙仍然放心不下，再三叮咛他要谨防寒气。康熙帝的亲切关怀和信任，使李光地深为感动，愈加奋勉，继续抱病任职。康熙五十二年(1713)三月，康熙帝赐给他"夹辅高风"和"庶事惟康勒股肱"的匾联。这年十一月，康熙帝说他与李光地"义虽君臣，情同朋友"，拳拳于眷恋之情。康熙五十四年(1715)六月，李光地称其妻久丧未葬，再次上疏请求退休，康熙给假两年。李光地辞行时，康熙帝赐给他"谟明弼谐"匾字，并说这四个字久藏心中，原想等他80寿辰时以这四个字为他祝寿，现在提前赐给他。康熙帝为李光地作的饯行诗，更是情深意切，他还让王公大臣们步其韵和诗，临别赠给李光地。

李光地回乡不到半年，康熙帝就常常思念他。康熙五十六年(1717)二月，康熙密旨将李光地召回朝中。李光地还朝后，以其多病之躯，倾心尽职。

然而，李光地在立皇太子的事情上却违背了康熙帝的心意，他认为皇子中惟独允禩最为贤明。当时有些大臣因此而被削职重惩，但康熙帝独对他非常谅解，好言相慰。康熙五十六年五月，李光地因疝疾突发，死于任所，终年77岁。

张　廷　玉

张廷玉(1672－1755)，雍正、乾隆朝大学士。字衡臣，号砚斋。安徽桐城人，历经康熙、雍正、乾隆三朝，颇得皇帝宠信，死后配享太庙，谥号"文和"。

张廷玉出生于京城，其父是大学士、翰林学院编修张英。张廷玉从小天资聪颖，自幼勤奋好学，博闻强记。良好的家庭环境满足了他对学识的渴求，但美中不足的是，张廷玉幼时体弱多病，步行一里多路就气喘吁吁，疲惫不支，父母都为他的身体而忧虑。张廷玉想方设法改善自己的身体状况，坚持每天早睡早起，早上来除了晨读就是锻炼身体；饮食定时定量；清心寡欲，坚持不息。至康熙三十九年(1700)，他28岁中进士时，身体已经比较壮实了。后来他入值南书房，公务繁忙，早出晚归；又先后10多次扈从皇上北出塞外，曾100余日不离鞍马，饮食失节，他都能轻松地挺过来而不觉疲劳和不适。

张廷玉中进士后，初授庶吉士，在其后的20年里，他的仕途坦荡，一帆风顺。

他曾先后出任检讨、日讲起居注官、司经局洗马、右庶子、侍讲学士、内阁学士和经筵讲官，直至康熙五十九年(1720)，又被授予刑部右侍郎官职。

张廷玉

在任刑部侍郎期间，张廷玉处理了一件大案。1720年，山东盐贩王美公等人纠合了一批无赖之徒，倡立民间宗教，率众打家劫舍，烧杀抢掠，横行无忌，导致南北交通要道被他们阻断。同时期，青州地区也发生类似事件。清廷以为是汉族人民的反清运动，十分震惊，令巡抚李树德等文武大僚全力剿捕，共捕获150余人。康熙帝命张廷玉与学士登德前往山东共同勘治。临行康熙帝对他们说："奸民聚众生事，妄自称名称号，图谋不轨，你们审讯清楚后，该杀头的立即在济南正法，该发配边疆的迅速发遣。"张廷玉至山东后立即升堂审讯犯人，仔细审察犯人供词及与案情有关材料，终于对事件的经过有了大致了解。他说："这件事只能判作盗案，而不是反叛案。盗贼们自称'仁义王'、'义勇王'，不过是市井之徒的绰号罢了，没有必要深究。"于是张廷玉就按盗案了结此案，斩首7人，发配35人，18人用了肉刑，其他由于残废、疾病而免于刑事处分的有72人，无罪释放25人。当初审问时，盗魁供出党羽2000余人，张廷玉考虑到罪在首恶，只就按察使捕送来的150余人审讯结案，不牵连其他人。张廷玉将此案完满处理后，受到康熙帝的称赞，第二年就将他调为吏部侍郎。而时人也因此案而称颂张廷玉为人仁慈宽厚。

雍正帝即位后，对张廷玉格外赏识。雍正元年(1723)初，命为皇子师傅，擢礼部尚书，不久，又授翰林学院掌院学士、户部尚书。此外还被任命为纂修《明史》总裁官。雍正三年(1725)，张廷玉署理大学士，次年实授，雍正七年(1729)，清廷设立"军机处"，张廷玉是第一批充任此职的大臣。

张廷玉入军机处后，办事更加周敏勤慎，成为雍正帝所倚重的重臣。雍正为奖励张廷玉的辅弼之功，赐予他一等阿达哈哈番，可世袭。雍正十一年(1733)，张廷玉又上疏请求校正刑部弊端。清代各省处理罪犯的方式是：对犯人按犯罪程度不同而区别对待，犯重罪者收禁关押，犯轻罪者可找保人担保释放。但是清朝刑部却没有采取这一合理方法，不论犯罪轻、重，罪犯主从，一律收禁，使一些无辜者或犯轻罪者遭到不应有的或过重的惩罚。张廷玉建议仿照各行省的办法，让轻罪犯人找保人，分别释放。刑部官员在判案时，引用律例常常断章取义，只根据其中寥寥数语就给犯人定罪，有的官员甚至生搬硬套律书上的案例来裁定案犯。这样做的结果便是使裁决和实际犯罪情况不相符合，甚至出入甚远，罪刑轻重失度，冤假错案层出不穷。张廷玉觉察到了这种办案方式的不良后果后，就上奏雍正帝，指陈其各种弊病，建议让都察院、大理寺驳正冤错案件，刑部办案草率不负责任者，应给予处分。张廷玉对于刑部的这两项提议都得到雍正帝的赞同，下令让九卿们议定执行。

雍正十三年(1735)，雍正帝病重，命张廷玉和鄂尔泰等人为顾命大臣。雍正帝在遗诏中说：张廷玉器量纯全，竭诚供职，死后可配享太庙。这是大臣享受的最高荣典。

张廷玉在雍正朝始终深受恩宠，乾隆朝的最初几年也颇得乾隆帝的宠信。如乾隆元年(1736)，晋升为三等子爵，乾隆三年初，封世袭三等伯，第二年加太保。不过，其后却日渐失宠。乾隆六年(1741)，刘统勋疏称张廷玉桐城亲朋登仕者过众，曾几次受告诫他应谨饬此事。乾隆八年，朝廷免其伯爵世袭。由于年事渐高，张廷玉一再乞休，皇上以其既奉遗命配享太庙，当于任上鞠躬尽瘁，死而后已，故未恩准。乾隆十五年(1750)一月一日，乾隆帝终于准张廷玉致仕之请，命待来春离京。一月十六日，张廷玉奏请陛下应对时，对身后是否能配享一事颇有疑虑，乞皇上一言为券。皇帝为释其疑虑，特颁手诏并制诗示意。一月十九日，张廷玉本应入宫谢恩，因风雪交加而遣子代往。乾隆原已对张廷玉的公然不信任感到不快，顿时怒不可遏、大发雷霆。次日，张廷玉诣阙为前日的失礼举动谢罪，乾隆帝责怪大学士泄露消息，并责张廷玉虚假。几天后乾隆帝削去张廷玉4个月前晋封的勤宣伯爵位，同时宣谕：张廷玉虽实不当配享，仍准其所请。同年中，张廷玉请离京，适值几天前有皇长子之丧，乾隆因而诏责其不合礼仪并收回配享成命。张廷玉仅以原任大学士头衔返回故里。

张廷玉生性淡泊，没有声色玩好的嗜欲，退休回乡后，生活恬淡自适，常常手持书本安坐书房，忘却了俗世的存在。乾隆二十年(1755)三月，张廷玉逝世，乾隆帝遵雍正帝遗诏，命将张廷玉配享太庙，赐祭葬，谥号"文和"。

鄂　尔　泰

鄂尔泰(1677－1745)，雍正、乾隆朝大学士、军机大臣。字毅庵，号西林。隶满洲镶蓝旗。鄂尔泰在任云贵总督期间，主持"改土归流"，较有影响。谥号"文端"。

出身微寒　官拜总督

鄂尔泰(1677－1745)，字毅庵，西林觉罗氏，满洲镶蓝旗人。鄂尔泰在未考取功名之前，与夫人建陋室而居，家中十分困窘。

康熙三十八年(1699)，贫寒秀才鄂尔泰赴乡试考中举人，后来授侍卫之职，进入仕途。作为康熙的贴身侍卫，鄂尔泰经常伴随康熙帝出外打猎并与他和诗。鄂尔泰虽不是进士出身，但他的文采不错，所作诗文很受康熙帝赏识。康熙五十五年(1716)，康熙帝将鄂尔泰升调内务府员外郎。

鄂尔泰

在此期间鄂尔泰就以廉洁奉公、恪尽职守著称。一次尚为皇太子的胤礽有事相托鄂尔泰。鄂尔泰拒绝了他，说："皇子是不能随便交结外臣的！"此举深受雍正帝的赏识。雍正帝即位后，召见鄂尔泰，称赞他说："你当员外郎时，敢于拒绝皇子的托付，可见你执法甚严。"雍正帝随即让他担任云南乡试的考官，不久又提升他为江苏布政使。在江苏，他限制豪强缙绅的势力膨胀，又以应得的俸银购买粮食3万余石，分别贮存在苏州、松江、常州府，以备灾荒赈济之用。他还亲自察看太湖水利，计划疏浚吴淞口和白茆港，但是未能实现。

江苏是人文荟萃的地方，鄂尔泰也不放弃这个结交文人墨客的机会，他在官舍中建了一座春风亭，礼聘文人学士，和他们一起舞文弄墨，吟诗作文，并把他们的诗文编成一部书，名曰《南都耆献集》。

鄂尔泰在江苏不俗的表现进一步赢得了雍正皇帝的信任。雍正三年(1725)，鄂尔泰升任广西巡抚。

鄂尔泰到广西任职不久，又改授云南巡抚，署云贵总督。鄂尔泰又立即走马上任，到任后，他在云、贵地区详细调查，发现这里的许多少数民族由各民族的土司头人统治，这些土司头人均为官方认可的世袭行政官员。但他们俨然像是一个个独立王国。骄横恣肆、胡作非为，给朝廷带来了不少麻烦；又看到四川的东川、乌蒙、镇雄三个土府离重庆太远，贵州和广西交界的地带，苗、汉人民杂居难理，而云南的镇沅、威远、新平、普洱、茶山等土司，更是经常跟缅甸、老挝联络。总之，情况复杂，少数民族地区不仅生产落后，而且文明程度低下，时有造反之举，很难统治。所以，鄂尔泰于雍正四年(1726)上疏雍正帝，为了"一劳永逸"地加强对西南苗族的有效管理与统治，必须"归并事权"、"改土归流"。雍正帝读了鄂尔泰的上疏，深表赞同。雍正六年(1728)，雍正皇帝颁给他云南、贵州、广西三省总督的大印，让他着手实施大规模的改土归流工程。

改土归流 功勋卓著

为了实施好这项艰巨工程，鄂尔泰经过精心策划，制定了改土归流的方针：原则上是让土司自愿改用流官，若有不愿或遇到阻力，则动用武力迫使其改土归流。如果进剿少数民族，必须首先练兵，练兵必先选将。因此，他到云贵以后，一面大张旗鼓地搞改土归流，一面筹划剿抚苗人，两件事相得益彰、齐头并进。鄂尔泰处置苗人的步骤，基本是按抚—剿—抚这个公式进行的。就是对每个地方，先派人招抚，如不受抚，即发兵征剿，然后乘兵威进行招抚。在当时的清朝廷看来，这项方针改策的正确性和可行性是勿庸置疑的，但鄂尔泰深深知道，改土归流的实施绝非一帆风顺，必定要经历一个长期的艰苦卓绝的甚至伴随腥风血雨的过程。

鄂尔泰的改土归流首先从东川开始。当时，东川和乌蒙两土府之间，为争夺地盘而互相攻杀，正闹得不可开交。四川乌蒙土司禄万钟发动叛乱，其部将禄鼎坤率众攻打东川村寨。而东川乌蒙由于离重庆太远，四川省的官员对此事的上报比较迟缓，最后还是距离较近的云南省派兵驱散了禄鼎坤的军队。因此，鄂尔泰就奏请朝廷把东川府改隶云南省，雍正皇帝接到奏请很快批准。雍正又命令他和四川总督岳钟琪共同平叛。关于东川的处理，鄂尔泰早已胸有成竹。所以，在他的奏疏发出后，不等雍正帝批示，他就秘密派人到东川细访，勘查疆界形势、山川险要、城镇、衙署、兵丁、户口、粮饷、赋役、风俗等情况。接到雍正帝的批示后，鄂尔泰立即命令总兵刘起元带领抚剿官兵进驻东川，对东川的所有土司头目都进行了更改撤换，又派马龙州知州黄世杰为新任流官知府，使东川府真正实现了改土归流。

乌蒙在东川北面，是当时三大土府（乌蒙、东川、镇雄）中势力最强的一个，向来被封建王朝视为难治之地。鄂尔泰在成功实现对东川府改土归流之后不久，就开始筹划乌蒙的改土归流事宜。

鄂尔泰一面练兵屯田，以壮军威，一面设法瓦解乌蒙土司禄万钟集团。经调查，鄂尔泰得知，禄万钟年仅15岁，实际掌握土府兵政大权的是他的叔叔禄鼎坤，但是禄鼎坤与禄万钟母子不和，所以，解决乌蒙问题，禄鼎坤是个关键人物。鄂尔泰软硬兼施，一面扬言：乌蒙如果稍有抵抗，就立即派兵剿火；一面又密令东川知府黄世杰派人潜入乌蒙，打探消息并找熟识的土人去开导禄鼎坤，对他晓之以理，动之以情，不仅替他分析了当前的形势，还向他表明朝廷改土归流的坚定信念。禄鼎坤权衡利弊，心悦诚服，率领他的两个儿子及各头目投降。招降了禄鼎坤后，鄂尔泰又通过他去招降禄万钟，但是，遭到了禄万钟的拒绝，于是，鄂尔泰命令总兵刘起元率兵征讨，大破禄万钟山寨，禄万钟慌忙投奔镇雄土司陇庆侯处。清军进驻乌蒙，将仓库、钱粮、户口、什物等查封接管。

镇雄与乌蒙唇齿相连，镇雄土司陇庆侯和禄万钟一样也年仅15岁，并且，镇雄的兵政大权也被其叔叔陇联星等人掌控。鄂尔泰认为，陇联星是和禄鼎坤一样的关键人物。因此，鄂尔泰决定故伎重施，命令威宁镇总兵孙士魁、知府杨永斌招抚陇联星。陇联星也明白自身的处境，愿意为清朝效力。乌蒙被官兵占领后，唇亡齿

中国宰相传

寒，镇雄已难自保，现在陇联星又投降清军，陇庆侯见大势已去，逃往四川。雍正五年(1727)，禄万钟自动到四川总督岳钟琪处投降，陇庆侯也到岳钟琪处请求改土归流。雍正帝命岳钟琪将此二人交于鄂尔泰处理，并为鄂尔泰论功进爵。清朝政府决定在乌蒙和镇雄设州，并安镇设营，添兵驻守。至此，东川、乌蒙、镇雄三土府的改土归流工程大功告成。

镇沅土府地处滇南，很早以来为傣族聚居区，由刁氏世袭土知府。雍正四年六月，鄂尔泰以土知府刁瀚凶诈贪顽、强占田地、威吓灶户、擅打井兵为借口，决定将刁瀚正法，然后改土归流。他派游击杨国华将刁瀚拿获，押往省城处死，并委派威远同知刘洪度为镇沅知府，从而结束了镇沅土司统治的历史。改土归流之后，原镇沅土府的土目、土役不服。土目以刁如珍等人为首，捏造谣言，污蔑知府，并于雍正六年正月十七日夜，聚众数百人，烧毁府衙，杀死流官知府刘洪度等人，并焚掠地方。事情发生后，鄂尔泰急调元江协副将张应宗、景蒙营参将李登科各带官兵，星夜前往。

至三月初四日，刁如珍等主要首领均被官军抓获，不久被处死。鄂尔泰为绝后患，把刁瀚的家属和其他土目迁往外省安置，调嵩明州知府终世萌补授镇沅知府，镇沅的改土归流至此圆满结束。

三月，广西泗城土官知府岑映宸让其部下四出抢掠，又发兵屯据者相，建立七大营。鄂尔泰命令诸军进讨，岑映宸战败，乞求免死存祀，表示愿意改土归流。鄂尔泰将他送到浙江原籍加以看管，让他弟弟岑映翰留下奉祀祖先。接着，泗城也改土归流。七月，鄂尔泰派兵与湖北军队共同平定了谬冲花苗，活捉其首领，迫使其部落全部投降，改土归流。

至此，云南、贵州、广西的"改土归流"工程基本结束，鄂尔泰也因功被恩赐世袭骑都尉。

平定叛乱　镇抚边疆

苗疆地方辽阔，苗人势力强大，其影响根深蒂固。虽然经过改土归流，但仍如百足之虫，死而不僵。有些被革职的土司、土目，依然贼心不死，时刻想东山再起，卷土重来，其中乌蒙人表现得尤为突出。乌蒙改土归流后，禄鼎坤被召进京，授河南归德府参将。禄鼎坤在进京后，暗地嘱咐其儿子禄万福、禄万富说，我这次进京，可能凶多吉少，你们如果长期得不到我的音信，那我一定是被清廷杀了，你们就和众土目一起反叛。禄鼎坤于雍正八年(1730)七月二十五日到任，其妻、女、幼子及弟禄鼎明都留在昆明。禄万福和禄万富回到乌蒙，他们由于得不到父亲的消息，又见驻军首领清朝总兵刘起元凶残暴虐，贪婪成性，军纪不严，私派公费，侵夺粮饷，就煽动众人于八月二十六日反叛，攻陷乌蒙城，杀死刘起元及游击江仁、知县赛枝大，并杀尽他们的家属。

乌蒙陷落后，江外下方、阿驴等苗寨，江内巧家营、者家海等苗寨及东川禄氏等苗人首领都群起响应。让则补、以址等地苗寨截断沿江水路；以则、以攉等苗寨准备偷袭城池；东川境内矣氏、歹补、阿汪等苗寨，东川境外急罗菁、施鲁、古牛、毕古诸苗寨，以及武定、寻甸、威宁、镇雄各地少数民族纷纷响应。他们杀清兵，劫粮草，堵要隘，毁桥梁，群起反抗，一时声势大震。

事发后，鄂尔泰迅速调集官军1万余人，地方少数民族军队数千人，分兵三路会剿苗人。他命令总兵魏翥国攻打东川苗寨，哈元生攻打威宁苗寨，参将韩勋攻打镇雄苗寨。魏翥国率兵刚至东川，就被禄鼎坤的弟弟禄鼎明刺伤，鄂尔泰立即改派总兵官禄为指挥。官禄率军焚毁苗寨13处。游击何元进攻急罗菁，杀死300多苗人，俘获130余人。游击纪龙攻克者家海苗寨，杀尽全寨苗人。韩勋率军与苗兵在莫都相遇，双方激战一昼夜，清军攻破四寨，杀死苗人数百；随即又进兵奎乡，激战三天，杀死2000多苗人。哈元生与副将徐成贞自威宁进攻乌蒙，杀死苗族首领黑寡与暮束，连破80余苗寨，击退苗兵数万人，攻克乌蒙城。鄂尔泰又命令提督张耀祖率军搜捕逃散的苗兵，让苗人震栗不已。到十一月初，朝廷官军连破三关，禄万福兄弟等人逃匿东川巧家营。张耀祖责令该巧家营将其绑缚献出。但未得到回应。鄂尔泰命令副将徐成贞于十二月二十四日再战，将他们全部俘获。禄鼎坤也从河南逮回斩首。至此，乌蒙、东川、镇雄三土府的叛乱终于被平息。

雍正九年(1731)，鄂尔泰上疏请求朝廷重新划定乌蒙、镇沅、东川、威宁各县的区界，请求拨款兴修云南水利，清理嵩明州杨林海，开垦周围草塘，疏通宜良、寻甸诸河；围垦东川城北的漫海，修筑浪穹、羽河等河堤；加修临安等地工程，开辟通往广西的水上航线。这些建议，均为朝廷批准。上述工程的实施，促进了少数民族地区的社会经济发展，加强了边远地区同内地的经济、文化交流，同时也加强了中央对地方少民族地区的统治。雍正十年，朝廷加封鄂尔泰为保和殿大学士兼兵部尚书，办理军机事务。因平定苗疆功大，鄂尔泰被授予世袭一等伯爵。

不久，鄂尔泰又奉命平定蒙古准噶尔部的叛乱。这年六月，朝廷命鄂尔泰总督陕、甘军队，经略军务，进讨准噶尔部。九月，他率军在额尔德尼昭(今蒙古库伦)大败准噶尔部。此战役中，他命令大将军张广泗先率一路军马到衮塔马哈戈壁截断准噶尔部北逃的退路，因此大获全胜。平定准噶尔部叛乱以后，鄂尔泰又上疏请求就地屯田。雍正十一年(1733)元月，鄂尔泰回到北京。他向雍正皇帝上疏：提出很难将准噶

清·雍正帝

尔部全部剿灭，因为用兵日久，劳民伤财，对国家也不利，请求罢兵。此奏获准，不久战事暂告平息。

深受皇恩　入祭太庙

雍正十三年(1735)，贵州台拱(今贵州台江)一带苗人再度反叛，而且叛乱之势愈演愈烈。朝中议论纷纷，许多人将此事的责任归咎于鄂尔泰当初处置苗人事务不妥。雍正帝下令增设办理苗疆事务处，以果亲王、宝亲王、和亲王及鄂尔泰、张廷玉负责这一机构的事务。不久，苗族地区的反叛日益剧烈，先后焚毁黄平、施秉等地(今贵州东部)。鄂尔泰认为这与自己过去没有处理好苗人事务有关，要求引咎辞职，并请求削去伯爵称号。雍正帝也认为："国家赐予的恩惠，有功则受，无功则辞。"于是，批准了他的请辞，但仍然保留他原先的俸禄。

雍正晚年，常召鄂尔泰入宫，有时让他住在宫禁中，数月不出，外人都不知何意。雍正对鄂尔泰的信任由此可见一斑。雍正十三年八月，雍正帝病危，在弥留之际，最后诏谕鄂尔泰和张廷玉，立皇子弘历为太子；并敕令鄂尔泰、张廷玉及其他两位亲王为顾命大臣辅佐皇太子主持朝政，还诏谕鄂尔泰、张廷玉死后可配享太庙。

乾隆继位后，任命鄂尔泰为总理事务大臣，晋一等精奇尼哈番。乾隆二年(1737)十一月，鄂尔泰辞去总理事务，但又被委以军机大臣，授予他三等伯，赐号"襄勤"。他还几次主持会试，并兼任领侍卫内大臣、议政大臣、经筵讲官等职。乾隆四年，河南河道总督高斌请求开新运河，河东河道总督白钟山请求恢复漳河故道，乾隆帝委派鄂尔泰前往巡视，又加封他为太保。

乾隆七年，副都御史仲永檀密奏告发鄂尔泰长子鄂容安不法之事，经诸王大臣会审核实后，要求削去鄂尔泰官职，但未被乾隆帝允许。乾隆十年(1745)，鄂尔泰因病提出辞职，但只获准留任自养。事后乾隆帝又好言加以慰问、劝留，又加授他太子太傅。不久，鄂尔泰病逝。乾隆帝遵照先帝遗诏，将鄂尔泰牌位配享太庙，祀于贤良祠，并赐谥号"文端"。

刘　　墉

刘墉(1720－1805)，乾隆朝内阁大学士。字崇如，号静庵、石庵。山东诸城人。大学士刘统勋之子，是乾隆帝所倚重的股肱大臣。刘墉为官清廉、为人正直、生活节俭、遵守礼法，可谓一代名臣。谥号"文清"。

翰林出身　为官清廉

山东诸城刘氏家族是当时的名门望族，通过科举走上仕途的人很多。刘墉父亲刘统勋。是当朝的大学士，这就使刘墉一出生便受到了良好的教育。

刘墉自幼聪明好学，而天生驼背，故有罗锅子的绰号。刘墉虽多才多艺，博通古今，但入仕较晚。乾隆十六年中进士，获选庶吉士。据说当时刘墉的考卷曾被选为前10名，准备由乾隆帝圈为状元，后因乾隆帝反对而改为吴鸿。

刘　墉

乾隆二十年(1755)，因为父亲刘统勋办理军务失宜获罪下狱，刘墉遭株连被革职，与诸兄弟一起下狱，后外放做官。此后历任安徽学政、江苏学政，因表现优异得到乾隆皇帝的赏识，擢山西太原知府。刘墉不负重托，到任后不几天便将前任遗留下的疑难案件审理一清，受到官民的一致称赞。正当刘墉以政绩迁冀宁道时，前任山西阳曲县知县段成功亏空案发，刘墉以失察罪革职拟死，后朝廷下诏，免于一死，发伊犁军台效力。乾隆三十二年(1767)释还，命其在武英殿(即皇家修书处)行走。

乾隆三十四年(1769)，刘墉出任江南省府江宁知府，这一年多的时间是刘墉一生最负盛名的时期，他勤奋公正、刚直不阿、疾恶如仇、摧折豪强，打击奸徒不遗余力，因而深得人们的赞誉。

乾隆四十五年春天刘墉升任湖南巡抚，到任不久即遇上武冈等地遭受水灾，他积极组织抗灾救助活动，在一年半的时间里，他做了不少有益的工作：盘查仓库，勘修城垣，革除陋习，筹办仓谷，开采峒硝等等。

刘墉为人正直，生活节俭，遵守礼法，在当时享有较高的声誉，他虽未曾公开弹劾和珅的专横跋扈、胡作非为，但在吏治方面他却敢于直率地反对和珅。乾隆四十七年刘墉担任都察院左都御史不久即遇上御史钱沣弹劾和珅的亲信、山东巡抚国泰等人娄索亏空一事，他和和珅、钱沣受命前往查办。由于刘墉积极协助钱沣，终使案情大白，国泰等人受到应有的处分。

浓墨宰相　屡遭严谴

山东亏空案的查处，令和珅极为恼火，这也使得他与刘墉从此结上仇怨。此后两人不时有龃龉，当然，遭受和珅的打击报复也就在所难免。

后来，受和珅的挑拨，乾隆对刘墉心生芥蒂。乾隆五十二年(1787)初，刘墉因为漏泄自己和乾隆帝关于嵇璜、曹文埴的谈话内容，不仅受到申饬，而且失去了本应获授的大学士一职。

乾隆五十三年(1788)夏天，刘墉兼理国子监，发生乡试预选考试中诸生馈送堂官的事，被御史祝德麟弹劾，结果受到处分。乾隆五十四年二月底至三月初，负责皇子教育的上书房诸师傅因为连天阴雨没有入值，乾隆皇帝得知这一情况，大发雷霆，刘墉作为上书房总师傅，负有主要责任，降为侍郎衔，不再兼职南书房。乾隆皇帝为此还专门下了一道上谕，责斥刘墉不能尽职，过失甚大。

乾隆五十八年(1793)，刘墉为当年会试主考官。因为安排失当，阅卷草率，违制和不合格的卷子很多。按规定，刘墉等要罚俸10余年。乾隆皇帝虽然做了宽大处理，但对刘墉严厉饬责。

嘉庆元年(1796)，因为大学士一职空缺多时，破格增补户部尚书董诰为大学士，而资历更深的刘墉被排斥在外。而且上谕又一次批评刘墉"向来不肯实心任事"，只是以模棱两可之词敷衍塞责。要他"扪心内省，益加愧励"。直至嘉庆二年(1797)，才授刘墉体仁阁大学士，但仍旧指责他"向来不肯实心任事，行走颇懒"，并说"兹以无人，擢升此任"。

刘墉不仅是一位廉洁耿直的政治家，同时，他还是一个才华横溢、学有专攻的著名学者。

正因为刘墉如此学识渊博、经学根底深厚，在"稽古右文"、乾隆帝弘扬传统文化的时候，他多次被任命主持编纂官修典籍的工作。乾隆四十一年(1776)九月，刘墉出任《四库全书》馆副总裁职务，完了又主持修订《西域图志》和《日下旧闻考》。乾隆四十六年(1782)三月，任职《三通》馆总裁。乾隆五十一年(1786)，出任《玉牒》馆副总裁。其间，还多次与诸皇子一起点校《珠林秘笈》等宫中秘籍。嘉庆六年(1801)十一月，出任《会典》馆总裁。

嘉庆九年(1804)，刘墉病逝，享年85岁。谥"文清"，赠太子太保，配享贤良祠。

刘墉擅书法，海内闻名。其书法用墨饱满、浑厚端庄、浓墨字肥、遒劲有力，时有"浓墨宰相"的美称。其大量墨迹，至今犹存。其中部分曾由嘉庆帝赏予刘墉之侄刘镮之收藏，并以《爱清堂石刻》题名刻印刊行。

和　珅

和珅(1750－1799)，乾隆朝大学士、军机大臣、一等公爵。原名善保，字致斋。姓钮祜禄氏，满洲正红旗人。和珅早年在宫廷担任侍卫，因善于逢迎献媚，深得乾隆帝的赏识，并长期担任内务府大臣与吏部尚书，是乾隆帝手下红极一时的权臣。在20余年的政治生涯中，和珅利用把持的大权与乾隆帝的高度宠信，打击异己、网罗亲信、贪赃枉法、祸国殃民，导致了乾隆后期的政治混乱、吏治败坏。

媚上有方　得宠乾隆

和珅出身于官僚家庭，加之八旗子弟的身份。所以从小便受到了良好的教育。他生性机敏，博学强记，不仅背熟了《四书》、《五经》，而且满、汉文字水平也提高得很快，此外还掌握了蒙文与藏文。当时的著名学者袁枚曾称赞和珅知书达理、聪明机智。

乾隆三十四年(1769)，20岁的和珅完成了学业，此时的和珅不仅满腹经纶，而且英俊潇洒、风流倜傥。和珅的一表人才、风度翩翩，被身居高位的英廉看中了，遂将其娇爱的孙女嫁给了他。不久，在英廉的帮助下，和珅被挑选去给乾隆帝当銮仪卫听差。这差事虽然地位不高，但能接近皇帝，一旦得到垂青，便可以飞黄腾达。于是，和珅便处处留心、事事留意，伺机博得皇帝的青睐。

和　珅

一次，乾隆皇帝仓促出行，一时找不到皇帝专用的仪仗"黄盖"。乾隆很生气，就用《论语》上的一句话问："是谁之过？"在场的人都吓得不行，不知如何回答皇帝，只有和珅机灵地将《四书》上对这句话的注解"岂非典守者之过邪"变通一下作了回答。乾隆皇帝见这个青年侍卫声音洪亮，一表人才，于是，怒气顿然消失。乾隆皇帝知识渊博，尤其喜好汉文化，对于读过"四书五经"的八旗子弟，尤为欣赏。接着，乾隆皇帝询问他的家世、年龄等情况，和珅一一回答。乾隆皇帝见他长得眉清目秀，仪表堂堂，谈吐文雅，不由大加赞赏，很快就喜欢上了这个年轻人。他当即被乾隆帝提升为三等侍卫，凡宫中事务，诸如仪仗队、护从、车马以及膳食等，都由他总管。

和珅升为侍卫以后，接近乾隆帝的机会更多了，他凭着自己的机敏，刻意用心、留神观察，对乾隆帝的性格特点、个人喜好、饮食习惯等等，都了如指掌，熟记于心，以至于乾隆皇帝什么时候要干什么，什么时候要什么，他都摸得一清二楚。有时不等乾隆帝开口，他就早把要办的事情办好了。和珅能说会道，嘴皮利索，常常逗得乾隆帝龙心大悦。

由于和珅生性乖巧，办事能干，深得乾隆皇帝的欢心。加之和珅善于奉迎讨好公主、阿哥，这些人得到了和珅的好处，难免不时在乾隆帝面前为和珅多多美言。这些都为和珅迅速升迁奠定了基础。第二年正月，和珅便被升为户部侍郎；三月，升为军机大臣；四月，兼任总管内务府，真可谓"芝麻开花节节高"。

乾隆四十年(1780)，乾隆帝所看重的云贵总督李侍尧贪污案发。乾隆帝命令此时已是御前大臣上行走、军机大臣、内务府大臣的和珅偕同侍郎喀凝阿前往云南调查办理此案。和珅精明强干，首先审讯了李侍尧的仆人，查清了李侍尧贪赃枉法的事实，上书乾隆帝，提出严办李侍尧的处理意见。和珅在办案过程中，还调查出云南吏治废坏，各府州县财政亏空严重等重大问题，上奏乾隆帝进行清查处理。乾隆皇帝本想让和珅出任云贵总督，但又考虑到他是办理李侍尧案子的人，有可能引起外面议论，于是决定由福康安代李侍尧任云贵总督，调和珅回京。和珅在回京的途中已被乾隆皇帝任命为户部尚书、议政大臣。回京后，和珅又面奏乾隆帝关于云南盐务、钱法、边备、边境贸易等多方面事务，乾隆帝极为满意，并且同意他对这些问题的解决办法，乾隆帝又授予他御前大臣兼都统。乾隆四十四年，乾隆帝将和珅未成年的儿子赐名丰绅殷德，并把心爱的小女儿和孝固伦公主许配给他。自从与皇上结亲后，和珅由国家重臣变成了皇亲国戚，身价倍增。十月，和珅充任《四库全书》馆正总裁，兼理藩院尚书事。

结党营私　打击异己

为了巩固自己的权位，谋取更多的实利。和珅到处纠集党羽，大搞裙带关系，结党营私。他的弟弟和琳只是个生员，由于和珅当朝，前后任杭州织造、内阁学士、工部侍郎、工部尚书、四川总督等职。他把大学士傅恒的儿子傅长安引进军机处，充当他的帮凶。他把他的老师吴省兰、李璜、李光云分别安排了侍郎、太仆寺卿等职，并兼任学政，掌握了科举轮选的大权。和琳的亲家苏凌阿，为人贪赃无能，臭名昭著，由于是和琳的姻亲，和珅对他着意提拔。曾任兵部、户部侍郎，后又升为户部尚书、两江总督。此时的苏凌阿已老朽得两眼昏花，举步维艰，需人搀扶，被人讥笑为"活傀儡"。和珅害怕御史对他的不法行为提出弹劾，就选一些老而无能的大臣充任御史，这些人对他感恩戴德，还哪会和他为难呢？

　　乾隆四十七年(1782)四月，御史钱沣劾奏山东巡抚国泰、布政使于易简贪赃营私。乾隆命令和珅和都御史刘墉前往调查，钱沣也随从前往。和珅受过国泰的贿赂，私下庇护国泰，事先派心腹给国泰通风报信。国泰由于有和珅作后台撑腰，根本不把刘墉、钱沣放在眼里，在受审时，竟然当面骂钱沣等人是"什么东西，敢来审他！"刘墉取出皇帝钦差大臣的牌子，又叫人打了他几个耳光，他才老实下来。在盘查仓库时，和珅有意蒙混视听，只让取出数十封银，一看无缺，就准备收场了事。刘墉和钱沣则坚持到各库清查全部库银，结果发现所有库房的银子都是国泰临时从商人那里借来用以充数应付检查的。国泰等人的贪污罪行被查实，于当年七月被赐自尽。

　　和珅和阿桂是一对冤家对头。乾隆四十六年(1781)，甘肃回族首领苏四十三起义，进逼兰州。乾隆命和珅为钦差大臣，和大学士阿桂前往镇压。阿桂因病未痊愈，让和珅先行一步。和珅故意拖延时间，一路上走走停停。等到达兰州时，清军已打败了回民军。在攻打回军老巢，由于和珅指挥无方，致使总兵图钦保阵亡。但他在向乾隆汇报战况时，却把作战失利的责任推到诸将身上，说他们不服从调遣，又隐瞒了图钦保阵亡一事。阿桂到前线后，下令不服从调遣者杀无赦！第二天他们共同部署战事，阿桂亲自指挥，诸将都积极响应。于是阿桂反问和珅说：诸将不见有怠慢的，应该杀谁呢？和珅非常恼恨，乾隆知悉内情后，下诏斥责和珅行动迟缓，贻误战机，并且混淆是非，颠倒黑白，说阿桂在军中处事有条理，认为只阿桂一个人就可以平定叛乱，将和珅召回。和珅因此嫉恨阿桂，终生与之不和。阿桂以功晋升为首辅，他极其鄙视和珅的为人，入阁办公甚至不和他共处一室。而和珅也极其仇视阿桂，多次对其诋毁、阻挠，排挤倾轧，使阿桂不得安位于朝，只好经常到各地巡察或带兵外出打仗，和珅则乘机独揽朝政。嘉庆二年(1797)八月阿桂死后，和珅更加肆无忌惮了。

　　和珅独揽大权，胡作非为，一些正直的大臣对此无比愤慨，有的甘冒风险对他进行弹劾。但和珅凭仗乾隆帝做后台，对谏臣进行打击、陷害。如乾隆五十年(1785)，监察御史曹锡宝上奏疏弹劾和珅管家刘全仗势营私，衣服车马超过朝廷礼制规定。当时和珅正在承德避暑山庄陪侍乾隆帝，使得他有机会先看到了奏疏。和珅看过奏疏急忙将刘全召来，安排他迅速将逾制的房屋车马拆散，把有关衣物隐匿转移。然后由和珅向乾隆帝呈上一份奏疏，说他对刘全已进行审讯，曹锡宝所告之事纯属诬陷，请廷派人严加查处。曹锡宝等人奉旨前往查验果然一无所获，再加乾隆帝的百般回护，曹锡宝只得承认自己是道听途说，言语失当，请求治罪。乾隆帝于是下令将其革职留用。曹锡宝受此打击，从此一蹶不振，后郁郁而卒。

　　监察御史谢振定对和珅的罪恶行径早已是嗤之以鼻，对他的爪牙的飞扬跋扈横行霸道，更是深恶痛绝。一次，他带着士兵巡视京城，见一辆高大华丽的马车在市面上横冲直撞，令车停下，问知乘车的人，原来是和珅的妾弟。谢振定顿时火冒三丈，命士兵将和珅妾弟从车中拖出，用皮鞭痛加抽打，并当场将马车烧毁，围观的士民个个拍手称快。和珅闻讯后，对谢振定恼恨不已。几天后，便指使亲信捏造罪名对其进行参劾，并最终罢免了他的职务。

巧取豪夺　穷奢极欲

和珅除总揽军政大权外，先后任户部侍郎、户部尚书、内务大臣等职，长期管理户部三库。他还任崇文门税务总监督，利用手中的大权肆无忌惮地横征暴敛、贪污受贿、聚积财富。

和珅管辖的内务府负责宫廷服用、食物、武装守备等方面的事务，内廷和皇帝的一切开销都由内务府供应。乾隆一生好大喜功，尤其喜欢外出游山玩水。和珅作为内务府的负责官员，为了满足宫廷奢靡的开支，借各种机会对各级官吏和富商大肆搜刮，和珅本人则借机掠取。各地进贡的礼品或外国使臣朝贡的珍宝，首先都得经过和珅这一关。乾隆帝每次从中不过收取一小部分，大部分都被和珅吞占。时间久了，和珅家中的奇异珍宝比皇宫的还要多，如大宝石、珍珠串的数量，就是内宫的很多倍。他家所藏的一颗大珠比乾隆帝御用的皇冠顶珠还大。至于户部、内务府的大宗钱财更是由和珅任意支用，这样一笔湖涂账乾隆帝对此从不过问。

和珅曾长期负责议罪银事务。所谓议罪银，实际是为皇帝聚财的措施，又称罚银或自行议罪银，其对象主要是各省督抚、盐政、织造、税关监督等大员。这些朝廷大员一旦犯了罪，只要缴纳一定的罚银，就可以免于或减轻查处。罚银的数额按罪状的轻重不等，但大都是数万或数十万。议罪银的绝大部分都缴入内务府银库，成为皇帝的私人财产。和珅作为议罪银的主要负责人，不仅可以轻而易举地将一部分议罪银占为己有，而且可以借此索贿受贿。因为相当一批官员都担心自己随时被议罪，与其被罚巨款，倒不如趁早向和珅行贿。一旦获罪时，有和珅从中周旋，就可以大事化小，小事化了。对于这些，和珅从来是来者不拒，多多益善的。和珅勒索百官，不仅肆无忌惮、胆大包天，而且价码越抬越高。单是两淮盐政征瑞一人，先后就贿赂和珅40万两银子。有的甚至不惜代价买奇珍异宝，投其所好。

和珅贪财纳贿的伎俩非常明显，那就是经常打着皇帝和朝廷的招牌，假公济私，中饱私囊。乾隆帝是一个好大喜功的风流皇帝，到处游山玩水，寻欢作乐，晚年更是有增无减。他曾数次南巡，登五台山，告祭曲阜，东谒三陵，浏览天津、嵩山等地。至于避暑山庄，更是往来不绝。每次出巡都穷奢极欲，尽情挥霍。再加之连年用兵，大兴土木，使得每年费用超过正常经费亿万之巨。这些事，乾隆帝多半都交给和珅安排办理，国库亏空，他也要和珅想点子筹措。这给和珅的贪污受贿带来了机会和便利，和珅也因此不失时机地巧取豪夺。如此之般，大清王朝的国库越来越空虚，而和珅家的仓库却越来越紧张，盖了一个又一个，仍然不够用，甚至于"夹墙藏金"，"地窖藏银"。

和珅的妻子冯氏，死于嘉庆二年春，葬礼极其隆重，当时的干公大臣无不前往吊唁。除了正妻之外，和珅还拥有许多姬妾，姬妾到底有多少，当时人也说不清。据说有一次庆典，和珅单为姬妾们买花就用银数万两。在众多的姬妾中，和珅最宠爱的有两个，一个叫长二姑，府中人称二夫人；另一个叫吴卿怜，苏州女子，查办贪官浙江巡抚王亶望的部分家人财产里，就有这位吴卿怜。和珅十分迷恋这位吴小姐的绰约风姿，为了讨她欢心，专门给她建了一座小楼，起名迷楼。当和珅被抄家时，吴卿怜投湖自尽。

和珅虽然享尽了人间的荣华富贵，但他毕竟是臣属，与皇宫内廷的生活相比，还相形见绌，还有很多皇帝能享用的东西他不能享用。因为，享用就是违制，违制就是图谋不轨。尽管如此，和珅也不甘心。为了满足自己的私欲，每至夜深，和珅就在灯下穿戴皇帝的衣服，把窃取来的朝珠悬挂在脖子上，对着一面大镜子走来走去，过足了皇帝瘾才把衣服朝珠卸下来。乾隆皇帝在平定"回部"后，曾命人用和阗玉凿了一匹高两尺、长三尺的玉马，存放在宫中。和珅对此御用宝物也是垂涎欲滴，设法将玉马偷了出来，专供其与爱妾在洗澡时乘坐享用。和珅给自己安排后事也跟皇帝相比。他在冀州城外选了一大块土地为自己建造坟墓，当时，人们把和珅的陵墓称为"和陵"。和陵围墙长200丈，围墙西侧还建有房屋219间，而当时连亲王墓地的周长也不过百丈，和珅比亲王的还长了一倍多，简直与皇帝不相上下了。

乾隆驾崩　失势自裁

1795年，乾隆帝85岁，已在位60年了。他登基时曾发誓绝不超越圣祖(康熙帝)60年的在位时间。因此，他召集和珅及诸大臣商议传位于太子的事。和珅知道，多延长乾隆帝的在位时间，也就是更长久地保住他自己的地位，乾隆帝一旦退位，他失去靠山，地位也将不会稳固。所以他上奏说：我国历史上帝尧活到100岁，在位73年方传位于舜。圣上您龙体康泰，精力充沛，再在位一二十年传位于太子，也不算迟，何必急着议论此事呢？乾隆帝将他的誓言说明，和珅无话可说。乾隆帝命人打开密匣，内有他御书的绢条，写明传位于十五皇子颙琰(嘉庆帝)。乾隆帝让人草拟诏书，准备于九月三日正式宣布。

和珅虽然对乾隆帝的退位感到很失望，但他还并不绝望，他知道要想保住自己的地位和权力，就必须投向新皇帝的怀抱。为了讨好即将即位的新皇帝，和珅于九月二日抢先送去了一柄象征吉祥的如意，呈献给颙琰。暗示天大的喜事就要降临，他是提前来表示祝贺的。颙琰对和珅的丑态很反感，但他不露声色。九月三日，颙琰正式即皇帝位，是为嘉庆皇帝，乾隆帝退位做太上皇，仍掌握着大权。嘉庆帝虽然极度讨厌和珅，想要早日除此一害，但苦于他父亲乾隆帝仍不放大权，所以也不愿因过早惩办和珅而刺激乾隆帝，他表面上还不得不对和珅格外优待。

清·乾隆帝

　　嘉庆四年正月初三，太上皇乾隆帝寿终正寝，也意味着和珅的官运和命运都已走到了尽头。和珅的靠山一倒，惩办和珅的事立即被提上日程。正月初五日，吏部给事中王念孙、江南道监察御史广兴、兵部给事中广泰等人立即上章奏弹劾、揭发和珅。初八日，嘉庆皇帝传旨将和珅革职拿问，命王公大臣会审后，宣布和珅罪状二十条，这些罪状的内容主要是：泄露机密，拉拢皇太子（即嘉庆）；对乾隆帝大不敬，欺隐军机要事，隐匿边报，专断军机处，把持户部，任人唯亲，所举非人；越礼逾制，有不臣之心；娶宫中女子为妾；珠宝财物比皇上御用的更多更好；私开当铺、钱庄与民争利；纵容家奴行凶索财，等等。

　　正月十七日，嘉庆皇帝下令查抄和珅家产。其家产共109号，据已估价的26号，共合计银子3亿2千余万两。嘉庆帝令将其存户部外库，作为川陕楚豫抚恤归农之用。在查抄的清单中，有房屋2000余间，田地8000余顷，银号42家，当铺75家，古玩铺15家；有珍珠179挂，东珠894粒，红宝石顶子73个，翡翠翎管835个，奇楠香朝珠698挂；另有赤金大碗50对，金银元宝各1000个，赤金480万两，沙金200余万两，白银940万两，洋钱58000元。仅衣服一项，就有貂皮衣1502件，杂皮衣1243件。以查抄的和珅全部家产估算，合白银8－10亿两。当时清政府年总收入为7000万两银子，和珅当政20年，他的家产比清王朝10年总收入之和还要多。这些财产抄没后，嘉庆皇帝除拿出一部分赏赐给他的亲信大臣外，其余的都为嘉庆帝所占有，因此民间广泛流传有"和珅跌倒，嘉庆吃饱"的谚语。

　　给和珅定罪后，大臣们一致奏请将和珅凌迟处死。于是，嘉庆帝下令将和珅斩首弃市，由于和珅儿媳十公主的苦苦哀求，嘉庆帝也念和珅曾任首辅，改赐和珅自尽。正月十八日黄昏，执法官到监狱宣读圣旨，和珅跪拜领旨谢恩。然后整理了一下装束，悬梁自尽。

曾 国 藩

曾国藩(1811－1872)，同治朝大学士。字伯涵，号涤生。湖南湘乡人。曾国藩是清朝后期名臣，文武兼备，为官清正，多有建树，尤以训练湘军、剿灭太平军最为突出，且有不少著述传世。曾国藩以其才能和人品被视为人臣楷模。谥"文正"。

科举出身　组建湘军

曾国藩出生于一个农民家庭，父亲曾麟生为县学生，以孝闻名。曾国藩6岁入塾读书，8岁随父学五经，读八股文，14岁赴长沙应童子试，成绩颇佳。

欧阳沧溟到他家做客，当堂以"共登青云梯"为题试国藩，诗成甚为欣赏，即以女许字定亲。曾国藩20岁到衡阳跟著名儒生汪觉庵学习一年，后回本县涟滨书院就学。

曾国藩

道光十二年(1832)考取秀才，当时22岁。同年十二月成婚。两年后就学于长沙岳麓书院。书院山长欧阳坦斋，赏识曾国藩诗文，认为终成大器。同年应乡试中举人。次年入京会试，未中。于是作江南之游。在金陵借资购二十三史，回家后早晚攻读。

道光十八年(1838)，28岁的曾国藩再次进京参加会试，得中进士。

自道光十九年至咸丰二年(1839－1852)，10余年间曾国藩都在京供职。清沿明制，凡进士再经朝考(有皇帝和大臣参加的殿廷考试)，可录取为庶吉士。庶吉士入庶常馆学习，优秀者则选入翰林院任编修、检讨等官。曾国藩经朝考取为庶吉士，进入庶常馆。道光二十年(1840)散馆，授翰林院检讨。道光二十三年(1843)升为侍讲，六月主持四川乡试。道光二十四年(1844)转为侍读。道光二十五年(1845)三月，充会试同考官，五迁詹事府，九月升翰林院侍讲学士。道光二十六年(1846)，充文渊阁直阁上，次年升内阁学士兼礼部侍郎衔，时年37岁。道光二十八年(1848)任稽察中书科事务。道光二十九年(1849)升礼部右侍郎，八月署理兵部左侍郎。三十年道光帝死，咸丰帝即位。

咸丰帝继位后，下旨群臣就如何重振朝纲详议具奏。曾国藩在咸丰元年

（1851）、二年（1852）连续上呈了四个奏折：《应诏陈言疏》中提出天下有三大患及解决办法，即人才、财用、兵力三大问题，认为解决人才问题是关键所在。

但清廷态度漠然，曾国藩不由得深为失望。这时正好派他前往江西主持乡试，随即悄然南下。到太湖小池驿时，得讯母亲亡故。即星夜奔回家乡，丁母忧（清代制度，父母亡，准离职守孝，称丁忧）守制。到武汉时，湖北巡抚常大醇来吊唁，告以长沙正被太平军围攻，方知太平军已入湖南。他绕道抵家，湘乡正谣言四起，人心惶惶。曾国藩极力安抚乡亲，并提出自卫办法。

解长沙之围后，曾国藩奉谕组建湖南乡勇进行自卫。不久，咸丰帝谕令在江南北在籍官绅组织地方武装进行自卫。曾国藩受命会同湖南巡抚张亮基办理团练。

先是湘乡儒生罗泽南，受知县委托，招募乡人千名，加以训练，以防卫县城，号称湘勇。曾国藩与罗泽南同为儒教信徒，素相钦慕。于是就以湘勇为基干，曾国藩又亲自招募扩展，统一加以编练，遂成湘军。数日之后，曾国藩接受江忠源和郭嵩焘的建议，建造炮舰，训练水军。曾国藩编练出一支所谓"诸将一心，士兵一气"的湘军，在晚清可谓异军突起。

镇压义军　　功高封侯

咸丰三年（1853），太平军攻占南京后，开始向两个主要战场进军：一向华北进军，另外西进安徽、江西及湖北。顿时，各方求援告急的文书纷沓而至。由于大部分湘军已驰援江西，而"水军"又在筹建之中，确实已无他力救援湖北。如此一来使得太平军迅速越过湖北扑向湖南，面对大兵压境，曾国藩于咸丰四年二月二十五日动用新建水师240艘船只及5000水军仓促应战，然而由于暴风雨的袭击，船舰无法行动，加之军队缺乏水战的经验，致使曾国藩在湖南两次败北，一在岳州，一在靖港。一次次的惨败令曾国藩无比的羞愧和愤慨，巨大的压力竟让他产生了以死谢国的念头。幸而其他几路清军获胜，曾国藩后来也在田家镇获得大捷，北伐的太平军才被阻止。

咸丰五年，曾国藩命水军南下九江，不料却遭到太平军将领林启容部的顽强阻击。曾国藩的一部分水军被太平军困于鄱阳湖，在长江的另一部湘军水军被太平军击败，甚至曾国藩的座舰亦为太平军俘获，余下的舰只又大多毁于一场风暴之中。由于连遭失利，曾国藩部士气低落。曾国藩为此心灰意冷，再次投水自杀，但被人救起。咸丰五年四月三日，太平军为削弱清军对九江之攻击，第三次攻占武昌。但曾国藩不顾武昌失守，命塔齐布继续攻打九江，另派罗泽南及胡林翼前往攻取武昌，而自己则坐镇南昌，吸引太平军主力。不久，塔齐布及罗泽南双双战死，曾国藩自己也遭到太平军无敌将领石达开的侵扰，几乎面临绝境。幸亏曾国藩早有预见，遇事沉着，善于应付意外，加之知人善用，胡林翼与李续宾终于在咸丰六年十二月十九日最后一次收复武昌。由于彭玉麟的协同作战，曾国藩之弟曾国荃又率军自湖南来援。曾国藩在南昌之困境，得以缓和。

咸丰七年（1857）二月二十七日，曾国藩的父亲逝世，曾暂时离职奔丧。但是，他的那些才干出众的部将们按照他的计划，于咸丰八年五月十九日收复九江。然后进攻安庆，以便最后收复南京。咸丰十年，曾国藩被授任两江总督，加授钦差大臣统领江南军事。至此，他已拥有处理军务的全权，其中包括筹集军饷等财政大权。

咸丰十年至十一年间，曾国藩的处境又转入艰难。咸丰十一年四月，曾国藩所处困境达于极点，但他下定决心誓死不退。直到左宗棠及其他部队增援祁门，形势才开始好转，曾国藩的弟弟曾国荃终于在咸丰十一年九月五日攻占安庆。此后，曾国藩即以安庆为基地，准备收复南京。为避免在南京一线集结过多的军队，以防止太平军趁机夺取清军后方地盘，曾国藩建立起三个战区：一在江苏，由李鸿章统辖；二在浙江，由左宗棠统辖；三在安徽，由他自己统辖。清军在这三个地区频频对太平军发动攻击，各地的太平军逐渐被围困，此时，曾国荃亲自请愿攻取南京，经过长期围困及殊死战斗，曾国荃于同治三年（1864）七月十六日攻克南京。两年后，太平军余部彻底失败。

太平天国虽被镇压，但北方捻军势力却迅速发展起来。捻军原为捻党转化而来的北方农民起义军。（"捻"原是淮北方言，一捻即为一伙或一帮的意思。）成员主要是贫苦农民、手工业工人以及游民。发源于康熙年间淮北一带，初为结捻贩运私盐，后发展为与官僚地主的压迫剥削进行反抗斗争，并且劫富济贫，人称捻子或捻党。小捻数十人，大捻数百人不等。在太平天国影响下，他们遂联合起来进行反清斗争。陈玉成于安庆失陷后，派出部将陈得才、赖文光等率军3万，北上联合捻军，从而使捻军在组织、思想、战略战术上都得到提高。并且"易步为骑"，声东击西，取得一系列胜利。清军"剿捻"统帅僧格林沁也被捻军击毙。

清朝政府原想任用满清贵族首领来剿灭捻军，以恢复满蒙在军事上的威望。僧格林沁的突然毙命使得清朝政府只好又请曾国藩出马。同治四年（1865）五月，曾国藩率军出征。他一反僧格林沁"穷追猛堵"的战术，采取"以有定之兵，制无定之寇，专事近剿，不事尾追"，"以静制动"的战术。在临淮、济宁、周家口、徐州等重点地方驻重兵，令地主乡绅修筑圩寨，实行坚壁清野。又东到运河，西及沙河、贾鲁河，南以淮河为防线，北自朱仙镇至开封和黄河南岸挖壕设防，以围困捻军。捻军使用游击战术，东奔西走，运动作战，于同治五年（1866）九月冲出防线而去。曾国藩的"剿捻"计划破产。他不得不承认"打捻无功"。清政府改调李鸿章为钦差大臣，负责"剿捻"。曾国藩回到两江总督任上。

办理洋务　儒家正统

在对外关系问题上，曾国藩认为夷务本难措置，然根本不外孔子"忠信笃敬"四字。因而坚持以"守定和议"，"保持和局"为准则。目的在保持镇压人民革命的实力。他曾上奏说：方今太平天国、捻军、苗民等起义日益加剧，中国自己都无暇顾及，苟能与洋人相安无事为好，不要别开祸端。可见他把对内镇压、对外投降妥协作为国策。不仅如此，他甚至赞成"借洋助剿"。

同治九年(1870)曾国藩被派去查办"天津教案"，正是以这种思想为指导。他奏称："中国目前之力，未便遽启兵端。惟有委曲求全之一法"。结果判处良民死刑20名，充军25名（包括天津知县刘杰），赔款50万两，并派崇厚去法国道歉以了结此案。他的这一处理遭到全国人民的强烈反对，居京的湖南士大夫开除他出同乡会，砸了他所书写的湖南会馆匾额。后来他自己也承认："外惭清议，内疚神明，为一生憾事"。但他仍认为"驭夷之法，以羁縻为上"。这些话此后被李鸿章、袁世凯直到蒋介石奉为圣条。

早在同治六年(1867)，他从维护清朝封建统治的需要出发，即向同治帝奏请："制造轮船，为救时要策，请将江海关税酌留二成，一成为专造轮船之用，一成酌济淮军及添兵等事"。他自己首先购买船炮武装湘军水师。

咸丰十一年(1861)，曾国藩受命为两江总督，节制苏浙皖赣四省，执掌了地方军政实权，摆脱了以前处处受掣的局面，从而为兴办洋务事业提供了主动权。

接着曾国藩派李鸿章资取洋人长技，筹办洋务军工，并令以洋枪洋炮武装淮军。他自己即着手在安庆创办了"安庆军械所"，试制枪炮炸弹，全用汉人，未雇洋匠，还制造了一艘小轮船，起名"黄鹄"，但行驶迟钝。因没有机器设备，这些全系手工制作，其制作质量之差可想而知。但它是中国最早制造枪炮的军工厂。曾国藩还罗致了一批科技人才，为引进西方科技和近代工业建设开了一个头。留美学者容闳建议"应先建一母厂，再由母厂以造出其它各种机器厂"，曾国藩欣然同意，即派容闳赴美购买机器，为上海江南制造局的建设，创造了条件。

此外，曾国藩还提出"煤矿系自然之地利，借洋人之机器，俾华人仿效，而永收其利，未始不可行"。这是举办民用企业的最早设想。

曾国藩又与李鸿章联衔合奏派学生出洋留学。以容闳为副委员，每年选派30名，学生如唐绍仪、严复等都是一时之俊。国内则立学馆来培养人才，他认为程朱理学是孔孟思想的正统，后世的君臣都应引以为师，曾国藩自己极力学习并

曾国藩

付予实践。湘军之不同于清朝其他军队，即在他重视用封建伦理来教育军队，用一条看不见的绳索束缚其兵勇。

曾国藩除推崇程朱理学外，对乾嘉的训诂学也有兴趣。鸦片战争以后，由于时代的变化，他认识到程朱理学虽为正统，但已流于空疏，而乾嘉的训诂学又偏于烦琐。要维护封建统治必须做某些变通。他认为一种"道理"的废兴，要适应时代，"适时则贵，失时则损"，"物穷则变，自古然也"。因此，他主张根据时代的变化和需要，进行某些变通，在变通中去寻求维护理学的传统。

曾国藩从维护封建统治的根本利益出发，在政治上也主张清廉。他批评清朝吏治的腐败，提出京官办事的通病：一是"退缩"，二是"硝屑"；外官办事的通病：一是"敷衍"，二是"颟顸"。

同治九年(1870年)曾国藩调任直隶总督。他就任后就整顿吏治，对所属官员进行调查，考核政绩，分别嘉勉降革。他与臬司张树声等清理历年积案达41000余起。他还给下属各级官吏规定了各种守则，例如对州县官制定了《劝诫州县四条》。

此外曾国藩还为清廷保举了大批人才，充任各地督抚和各部官吏，大都成为晚清军政界的骨干分子。湘军将领如鲍超、塔齐布、罗泽南、李续宾兄弟、彭玉麟、杨载福等，都是曾国藩识拔于基层。他推荐江忠源任安徽巡抚，胡林翼为湖北巡抚。李鸿章原是他的门生，他认为其"才大心细，劲气内敛"，初举为江苏巡抚，后成为清朝相国地位的人物。左宗棠与曾国藩意见不合，他不介意，认为"才可独当一面"，保举为浙江巡抚。还保举在籍道员沈葆桢为江西巡抚。李、沈是进士授知县，左是举人。但他用人唯才，这是他取得事业成功的重要原因。

同治十一年(1872)二月五日，曾国藩在南京两江总督任所，由儿子曾纪泽陪同下到花园散步，突然连呼足麻，扶回书房，端坐而逝。终年62岁。死后追赠"太傅"，谥"文正"。

李 鸿 章

李鸿章(1823－1901)，同治朝大学士。字子黻，号少荃，晚年自号仪叟。安徽合肥人。曾任两江总督、直隶总督兼北洋大臣。李鸿章为清末淮军军阀，洋务派首领，掌握外交、军事、经济大权。从19世纪60年代起，李鸿章开始开办近代军事工业，利用海关税收购买军火和军舰，扩充淮军势力，建立北洋海军；对外则一贯妥协投降，代表清政府签订了《辛丑条约》等多项丧权辱国的协约。

科举出身　组训淮军

李鸿章出生于安徽合肥一个书香门第的官僚地主家庭，李鸿章排行第二，本名章铜，字渐甫。

李鸿章6岁时，就在严父兼良师李文安的督导下接受启蒙教育。李文安是一位饱受儒家道德教育的官僚士大夫，为人清正廉洁，因而在官场颇不顺风。但他十分推崇"学而优则仕"的训条，希望儿孙能"策远志"，"出风尘"。少年时代的李鸿章天资聪颖，先后经过父亲李文安、堂伯父李仿仙、徐明经和曾国藩四位名师的指点授业，在义理、经学等方面进步很快。他17岁时中秀才，随即又被学使拔取第一。

李鸿章

1843年，年已20岁的李鸿章满怀壮志，千里跋涉入京都参加会试，虽有时因经济拮据而发愁，但仍禁不住"检点诗书喜欲狂"。

道光二十七年(1847)，李鸿章终于在会试中脱颖而出，一举进士及第，进入翰林院，迈开了他踏入仕途的第一步。

咸丰元年(1851)，轰轰烈烈的太平天国运动爆发，浩大的革命浪潮很快席卷南方各省。清朝的八旗兵和绿营兵，十分腐败，无力抵抗太平军。咸丰皇帝下令，大江南北，凡在籍官绅组织地方团练，就地镇压太平军。曾国藩在湖南老家，最先组织起了"湘军"。李鸿章也随工部侍郎吕贤基回到原籍办团练，曾国藩写信给安徽巡抚江忠源，极力保荐李鸿章。五月，李鸿章率兵在和州裕溪口，阻截太平军成功，被授六品顶戴。咸丰四年(1854)，太平军西征军攻克庐州，清军与太平军展开争夺战。李鸿章建议先取含山、巢县，切断太平军后援，并领兵攻下含山，被赏加知府衔，他还因此而有了"知兵"的名声。咸丰五年(1855)，李鸿章参与了进攻庐州的战役，攻下庐州后，被赏加道府衔，交军机处记名。第二年又攻下无为州，被赏加按察使衔。在此后两年左右的时间，李鸿章没有再立什么战功，反而在太平军的打击下，不断吃败仗，而且在安徽与同事的关系也搞得相当紧张。不仅仕途黯淡，还多次险遭灭顶之灾。

咸丰九年(1859)一月，太平军攻入李鸿章的家乡安徽合肥，致使李鸿章父死家破。潦倒失意的李鸿章在走投无路的情况下，只好投奔正在江西南昌"围剿"太平军的恩师曾国藩，成为曾国藩的得力助手。在与太平军的作战中曾国藩多次遭遇困境，多次都是靠李鸿章出谋划策才化险为夷的。

太平军攻克安徽后，迅速逼近上海。上海的士绅代表赶到安庆，向驻守在那里的曾国藩求援，并许以大批粮饷为筹劳。曾国藩命李鸿章回籍招募人马，去上海作战。

李鸿章回到庐州后，立即行动，重新召集旧部将刘铭传、周盛波、张树声、吴长庆等。曾国藩又把太平天国安徽籍降将程学启及其部下，拨给李鸿章。李鸿章共募得7000余人，他按照湘军的制度，制订了营制、饷章。从此，继湘军之后，淮军组成。

同治元年(1862)初，太平军连克松江、太仓，逼近上海。上海士绅集资银18万两，雇了7艘外国轮船，溯江到安庆，迎接李鸿章。当时，太平军控制着长江，但允许外国船只通过。这样，淮军得以乘坐外国轮船，分三批通过太平军控制区，安全抵达上海。根据督办江、浙、皖、赣四省军务的两江总督曾国藩的提议，李鸿章由一个候补道员破格被授予署理江苏巡抚的职务，进入统治阶级上层。

李鸿章一到上海便广筹财源，迅速扩编了淮军。并更新了武器装备，很快淮军就全部用起了洋枪洋炮。这样淮军得到了根本的改观，不仅没有在与太平军两年多的拉锯战中被消灭，反而在不长的时间内发展成为牵制太平军东线战场一支不可忽视的劲旅。

同治元年(1862)七月，太平天国慕王谭绍光从苏州赶来增援。李鸿章指挥淮军主力，打退了谭绍光。但是，太平军攻上海锋芒未减，李秀成准备与淮军决战。正在这时，湘军进攻天京，形势危急，洪秀全下令让李秀成率部解天京之围。李秀成这次进攻上海，遇上了李鸿章这样的强劲对手，战斗正酣，接到命令，只好回援天京。李鸿章援沪有功，被正式任命为江苏巡抚。

李鸿章用了两年的时间，先解上海之围，然后南打嘉兴，北陷苏州，连克江浙重镇，使曾、左、李三路大军在战场上打通，形成了对天京的最后包围。同治三年七月，天京陷落，在中外反动势力的联合剿杀下，轰轰烈烈的太平天国运动失败了。李鸿章从随吕贤基组织团练起，与太平军作战12个年头，双手沾满了革命人民的鲜血，被封建地主阶级誉为与曾国藩、左宗棠、胡林翼齐名的"中兴名臣"。清政府还赐给他一等伯爵，伯号"肃毅"，并赏戴双眼花翎。

太平军被剿灭后，遵王赖文光联合捻军在北方继续战斗，山东曹州一战他们机动灵活，杀死了前来镇压的钦差大臣、蒙古科尔沁亲王、咸丰帝表兄僧格林沁，声名大振。清廷急调曾国藩为钦差大臣，率湘淮军主力北上，负责镇压捻军；同时，命令李鸿章署理两江总督，负责后援军饷。曾国藩围剿捻军一年多，成果不大。

同治五年(1866)十一月，清廷改派李鸿章为钦差大臣，率淮军镇压捻军。在其后不到两年的时间之内，李鸿章剿杀了东西捻军，因功被赏加太子太保衔，并实授湖广总督、协办大学士。同年秋，李鸿章奉诏进京觐见皇帝和太后，被赐予紫禁城内骑马的荣誉。

办理洋务　制造利器

同治二年(1863)，李鸿章署理江苏巡抚不久，就请求开办外国语学校。他在上海设立了外国语言文字学馆，后改称广方言馆。他还在松江设立弹药厂，攻陷苏州后，把弹药厂迁到苏州，改为洋炮局。李鸿章以此为起点，搞了30多年洋务。

此前，曾国藩设安庆军械所；左宗棠设福州船政局；同治六年崇厚设天津机器局。然而，在洋务派中，李鸿章办的军工企业最多。

同治四年(1865)，李鸿章购买了上海虹口的美商铁工厂，很快又并入原属清政府的两个小炮厂，设立了江南机器制造总局。几年后，江南机器制造总局发展成为洋务派最大的军工企业。该厂主要生产枪支、弹药、水雷等武器，其设备大多是从美国进口，并雇用了英、美、德等国的技师。同治六年，江南制造局因场地狭小，由虹口迁到高昌庙。此后不断扩充，先后建了汽炉、轮船、枪、炮、炮弹、水雷、炼钢等14个分厂和一个译书局。人员最多时达3000人。在几十年中，江南制造局生产了不少武器，译书局也翻译了一批国外科技图书。在总局工作的中国工程技术人员徐寿、华蘅芳等人，在数学、化学、机械等方面，都卓有成绩。

李鸿章在同治九年(1870)调任直隶总督兼北洋大臣以后，接管了原北洋大臣崇厚所设的天津机器局。李鸿章首先是对工厂的人员结构进行扩充和调整，换上不少自己的亲信，又从香港请来大量的技术工人。该厂以生产枪、炮、水雷、子弹、开花弹为主，主要采用英国设备。经过整改后的天津机器局，其生产规模仅次于江南制造局。

同治十一年(1872)，李鸿章在上海设轮船招商局总局，先后任用买办出身而又谙熟技术管理的唐廷枢、徐润、郑观应等人。他还在天津、汉口、广州、香港等地设立分局。招商局的开办，目的在于扩大财源，但却突破了外国侵略势力对中国航运业的垄断。开业后三年，招商局从外国轮船公司手中挤掉1300万两的利润，迫使美国旗昌洋行退出竞争。

光绪三年(1877)，李鸿章设开平矿务局，开采直隶唐山地区的煤炭。调原轮船招商局总办唐廷枢负责矿务局事务。光绪五年(1879)，煤矿开始凿井。光绪七年(1881)正式出煤，年产量3万多吨。这是洋务派所办煤矿中最有成效的一个。该矿用机器采煤，逐渐配备了铁路、运河、专用码头及堆栈，在中国近代影响较大。

在军事上，李鸿章除了引用最先进的近代武器装备自己的淮军以外。最令举世瞩目的是创办了北洋海军，这其实才是李鸿章兴办洋务的主要目的。同治十年，李鸿章在天津大沽添置新式的炮台，当年又调江南和福州船厂的两只舰船到天津巡海。同治十三年，丁汝昌建议设北洋、东洋、南洋三支海军。李鸿章当即表示予以大力支持。光绪五年(1879)，清政府决定先设北洋水师，俟日后力量充裕，再于东洋、南洋设军。年底，李鸿章向英国购买4艘炮舰，报请将记名提督丁汝昌留北洋差遣，在天津设水师营务处，以道员马建忠负责海军日常事务。光绪六年(1880)，李鸿章再次向英国购买4艘炮舰，并让人设计出黄地兰龙红珠的长方形海军旗。

光绪十一年(1885)，清廷设海军衙门，由醇亲王奕訢任总理大臣，李鸿章任会办大臣。实权由李鸿章操纵。凭借手中的权力，李鸿章几年之中添置10余艘新船。光绪十四年(1888)，北洋海军正式成立。舰队中有排水量达7000多吨的主力铁甲舰定远号和镇远号，还有各种巡洋舰、炮舰、练习舰、鱼雷艇及各种杂差船只近50艘，力量在当时超过了日本。舰队设提督一人，由淮军骁将丁汝昌担任，下辖刘步蟾、林泰增两总兵，邓世昌、林永升、方伯谦等五副将，大小军官达200余名。在舰队中，雇有多名洋顾问。北洋海军成立以后，为筹备甲午年(1894)慈禧太后60大寿庆典，海军经费大部分被挪用修建颐和园致使北洋舰队没有再扩充。而日本则针对中国的海军水平，组建了新舰队，在火力和速度等方面都超过了北洋舰队。

光绪二十年(1894)，中日甲午战争爆发，李鸿章苦心经营的淮军一败涂地。北洋舰队也全军覆没，李鸿章洋务运动的军事目的宣告破灭。李鸿章权倾朝野的日子也随之结束。然而李鸿章在创办军用、民用工业企业、发展教育、交通、通信等领域开中国近代化先河所做出的贡献，是不可磨灭的。

签订条约　深负民望

19世纪七八十年代以后，中国国内刚历经大规模的农民起义和英法联军的打击，国力相当虚弱，而此时外国资本主义已开始向帝国主义阶段过渡。他们更加加紧对中国的军事侵略和武装的掠夺，中国的边疆危机一日比一日严重。李鸿章等人针对这种变化，审时度势提出"外须和戎，内须变法"的洋务总纲。李鸿章大声疾呼中国绝不应昏睡于"天朝上国"的迷梦而抱残守缺，强调"我朝处数千年未有之奇局，自应建数千年未有之奇功"。

同治九年(1870)，发生了天津教案，直隶总督曾国藩先受命处理，后由于受到多方面的责难而被迫离开，清廷不得不又命李鸿章继续处理。在李鸿章主持下，天津教案最后以清政府杀人偿命、赔款道歉等结案。

同治十三年(1874)，李鸿章与秘鲁代表葛尔西耶在天津会谈，订立了保护华工的《会议专条》和《通商条约》。

光绪元年(1875)，英国又一次派大型武装"远征队"侵入云南。美国驻华使馆特地派翻译官马嘉理去云南带路。当远征队进入云南省腾越厅的景颇人聚居处时，与当地人冲突，马嘉理被景颇人杀死。英国借此向清政府进行要挟，以下旗绝交相威吓。清政府忙派李鸿章与英国代表在山东烟台谈判。光绪二年(1876)九月二十三日，双方订立了《中英烟台条约》。条约内容除包括中国政府向英国道歉和赔款20

万两白银以外，还有：允许英国人到西藏、云南、西北等地"游历"；中国政府开宜昌、芜湖、北海、温州为通商口岸；英国货物在中国免内地税等等。

清·光绪帝

光绪九年(1883)，法国侵略越南，旨在以越南为跳板，侵略中国。李鸿章担心事态扩大，于光绪十年(1884)五月在天津与法国代表订立《中法简明条款》，承认法国对越南的"保护权"。法国毫无收敛，光绪十年(1884)六月，法军进犯越南谅山，七月法舰驶进福建马尾军港，八月法舰又犯基隆。在这一触即发的战争形势下，清政府中展开辩论。在辩论中，李鸿章扮演了畏敌投降的角色。他强调中国兵力虚弱，武器落后，不可开战，纵然一时胜利，也不会改变最终的失败的命运。

光绪十一年(1885)六月九日，李鸿章在天津与法国代表签订了《中法越南条款》，即通常所说的《中法新约》。通过这个条约，法国取得了在滇、桂与越南在战场上得不到的权益，这其中包括他们获得了在中国修筑铁路等特权。李鸿章的投降外交，使战争出现了中国不败而败，法国不胜而胜的奇怪结局。

光绪二十年(1894)，日本政府以突然袭击的方式，挑起了蓄谋已久的对华战争——甲午中日战争。其目的，在于吞并朝鲜、满蒙，侵略中国，称霸亚洲以至整个世界。对于日本帝国主义的战争行动，李鸿章从一开始就持"保全和局"的态度，同时一再恳求列强出面"调停"。他并没有真正做好打仗的一切准备，对前方的军事情报，他漠然置之；对一些人的正确建议，也一概拒绝；甚至以严厉的态度，驳回了海军提督丁汝昌的几次请战。结果，陆战一败涂地，海战全军覆没，最后只得签订屈辱的《马关条约》。

在战争的最后阶段，清政府曾派总理衙门大臣、户部侍郎张荫桓和署湖南巡抚邵友濂赴日求和。但日本借口此二人权力不大，不够资格，拒绝谈判，指名道姓地要李鸿章到日本签约，同时，继续扩大事态，以达到最后迫使清政府就范的目的。由于战争的失利，李鸿章受到朝野一致的谴责，朝廷给他革职留任的处分，并拔去顶戴花翎，褫黄马褂。由于日方的坚决要求，清廷撤销对李鸿章的一切处分，授其为全权大臣，赴日谈判。李鸿章于是带着儿子李经方、美国顾问柯士达，从天津乘船出发。光绪二十一年(1895)三月二十日，在日本马关(今下关)的春帆楼，与日本首相伊藤博文、外相陆奥宗光开始会谈。一开始，伊藤博文就表明了日方的蛮横态度：对日本提出的各种苛刻条件，只准李鸿章回答"允"或"不允"。谈判到第三轮，李鸿章从春帆楼返回住处的途中，突然遭到一名日本浪人的袭击，一颗子弹击中左颧，进入左眼下面的软组织。日本天皇派御医来诊治，伊藤博文也前来探望。李鸿章先委托儿子李经方代理全权，同时又表示：国家处于危难之中，和局是大事。因此略加休养，便又继续会谈。在谈判中，日方步步紧逼，李鸿章唯唯诺诺，基本上答应了日本方面提出的要求。光绪二十一年(1895)四月十七日，李鸿章代表清政府，被迫签订了屈辱的《马关条约》。

光绪二十二年(1896)，沙俄皇帝尼古拉二世举行加冕典礼，要求清政府派人参加盛典。清政府先派布政使王之春去，沙俄政府嫌他位卑言轻，不予接待，同时点名让李鸿章"参加盛典"。这已表明，在"参加盛典"的名目背后，将有一笔政治交易。清政府任命李鸿章为"钦差头等出使大臣"前往俄国，并于此后到英、德、法、美四国访问。沙俄特派专人到苏伊士运河北口的亚历山大港接李鸿章，然后乘专轮到俄国的敖德萨。四月三十日，李鸿章抵达俄国首都彼得堡，尼古拉二世在宫中亲自接见，给予了最隆重的礼遇。沙俄的笑脸背后，隐藏着叵测的居心。他们要借李鸿章来访之机，攫取我国东北主权。五月三日，沙俄财政大臣维特、外交大臣罗拔诺夫与李鸿章进行秘密会谈。李鸿章接受了沙俄100万卢布的贿赂，双方于六月三日签订了《中俄密约》。条约规定：若日本侵占俄国远东部分或中国东北地区，俄中两国要全力互相支援；战争期间，中国所有口岸均对俄国开放；中国允许沙俄在中国东北修筑经黑龙江、吉林直达海参崴的铁路，无论平时或战时，俄国均有权通过该铁路线运送军队和军需。这个表面上针对日本而实则为沙俄在我国东北扩大势力的条约，有效期15年。中国的东北地区，逐步成为沙俄的势力范围。李鸿章回国后，这个条约一直秘而不宣。在清政府中，只有极重要的几名枢臣知道此事。

忙于议和　抑郁而终

李鸿章曾评价自己"少年科第，壮年戎马，中年封疆，晚年洋务。一路扶摇"。然而甲午战争却使他从权力的顶峰上落了下来，仅留文华殿大学士头衔，奉旨入阁办事。李鸿章在北京没有房产，只得借住在贤良寺，既不能预闻朝政，还不时受到政敌攻击。为此他很少外出访亲拜友，也不喜欢接待来访客人。但李鸿章并不甘心，他还时时刻刻企图东山再起。

光绪二十二年(1896)，他被慈禧太后任命为全权特使，参加俄皇加冕庆典。而后他游历欧美，对欧美"立国政教"有了深刻认识，并进而与中国国情进行比较研究，得出欧美"上下一心"，中国"政杂言塞"的结论。因此在觐见光绪帝和慈禧太后时，李鸿章"历陈各国强盛，中国贫弱，须亟设法"。李鸿章本想借助出访欧美之机还督直隶，重温"坐镇北洋，遥执朝政"的旧梦，其此同时，欧美列强也热切希望清廷让李鸿章东山再起。然而事与愿违，李鸿章归国之后，于光绪二十二年奉命只在总理衙门大臣上行走。

光绪二十一年(1895)康有为等人在京组织"公车上书"，掀起维新运动。对维新运动的兴起、发展和失败，李鸿章一直给予暗中支持和同情，并还尽力保护维新派大臣及相关人士。这与他的自强变法思想分不开；但由于其更看重功名利禄，他的变法思想与维新派又有极大的不同。

　　光绪二十六年(1900)，义和团运动爆发，英、法、俄、美、日、德、意、奥八国联军趁机挑起侵华战争。面对内忧外患，清政决定首先对义和团实行"安抚"，让义和团去打洋人。以求其两败俱伤，于是在六月二十一日，清朝向联军宣战，然而战争局势并不乐观。七月，慈禧太后见形势急转直下，急调李鸿章回任直隶总督兼北洋大臣，为向外国妥协做准备。此时，李鸿章已听不进香港总督卜力和革命党人要他两广独立的主张，离开两广北上。八月十四日，八国联军攻破北京，慈禧太后偕光绪帝和部分大臣仓皇出逃西安，途中下罪己诏，严令剿杀义和团，并授权李鸿章"便宜行事"，让他与帝国主义商谈投降议和。庆亲王奕劻和李鸿章被任为议和全权大臣，收拾残局，实际上由李鸿章一手操纵。

　　起初，英、德等国态度强硬，拒不承认李鸿章为合法代表，甚至不承认以慈禧主后为首的清政府。俄、法等国担心德国在华势力的扩大，同时，素以"亲俄"出名的李鸿章，又私下与沙俄代表进行交易，许给天津一块租界，并答应满足沙俄在东北的侵略要求，于是沙俄同意从中斡旋。光绪二十六年十月底，所有侵华国家公使举行会议。十二月二十四日，各国代表商定一个《议和大纲》，共十二款，交给李鸿章。李鸿章连忙电告在西安"西狩"的慈禧太后。慈禧太后见各国并未追究自己，喜出望外，忙致电奕劻、李鸿章，全部答应了十二条要求。

　　光绪二十七年(1901)九月七日，各国强迫清政府签订了丧权辱国的《辛丑条约》。

　　条约签订之后，李鸿章奉命总理新成立的外务部事务。由于战乱的惊吓和忙于议和活动，加之，卖国条约受到舆论的强烈指责，李鸿章一病不起，于光绪二十七年(1901)十一月七日死去，终年78岁。正在从西安返京途中的慈禧太后得知这一消息后，立即派恭亲王溥伟(奕䜣之孙)前往祭奠。照大学士例，赏给陀罗经被。慈禧太后又下诏：对李鸿章追谥文忠，晋封一等侯爵，赐太子师，入贤良祠祭祀。又命在李鸿章立过"功"的省份山东、江苏、浙江、福建、河南及上海、天津，建立专祠，并在北京东总布胡同原李宅设立专祠。在京师设立专祠，是清朝以来汉族大臣绝无仅有的荣耀。